Elena

mensagens de esperança

mensagens de esperança

Brooke e Keith Desserich

Tradução
Carolina Caires Coelho

Planeta

Publicado de acordo com Lennart Sane Agency AB
Título original: *Notes left behind*

REVISÃO Bel Ribeiro
DIAGRAMAÇÃO S4 Editorial
CAPA adaptada a partir do projeto gráfico original de Harper Collins Publishers

DADOS INTERNACIONAIS DE CATALOGAÇÃO NA PUBLICAÇÃO (CIP)
(Câmara Brasileira do Livro, SP, Brasil)

Desserich, Brooke
Mensagens de esperança / Brooke e Keith Desserich ; tradução Carolina Caires Coelho. – São Paulo : Editora Planeta do Brasil, 2010.

Título original: *Notes left behind.*
ISBN 978-85-7665-511-4

1. Crianças – Morte – Aspectos psicológicos 2. Luto – Aspectos psicológicos 3. Pais – Psicologia 4. Perda (Psicologia) I. Desserich, Keith. II. Título.

10-01762 CDD-155.937083

ÍNDICE PARA CATÁLOGO SISTEMÁTICO
1. Filhos : Perda por morte : Aspectos psicológicos 155.937083
2. Morte de filhos : Aspectos psicológicos 155.937083

2010

EDITORA PLANETA DO BRASIL LTDA.
Avenida Francisco Matarazzo, 1500 – 3º andar – conj. 32B
Edifício New York
05001-100 – São Paulo – SP
www.editoraplaneta.com.br
vendas@editoraplaneta.com.br

PARA ELENA E GRACIE

Elas são as verdadeiras heroínas da nossa família

ASSIM É NOSSA ELENA:

Ela sempre come os legumes antes.

Não se cansa de vestir roupas cor-de-rosa.

Sempre escreve o nome ao contrário – não porque não saiba escrevê-lo, mas porque "gosta de ver como fica".

Cruza as pernas quando se senta.

Não há nada melhor do que uma aula de educação artística, sem contar, é claro, com uma ida à biblioteca.

Ficção é melhor do que não ficção.

Prefere leite a refrigerante. Ela o serve em uma taça de vinho e diz "saúde".

Adora "frescurites" (babados e lacinhos).

Nada de calça, apenas vestidos.

Ela ama bebês.

Quando brinca de escolinha, é sempre a professora.

Gosta de cantar, mas não segura as notas mais altas. E, por favor, não lhe peça para dançar.

Sally (uma Chihuahua velha e mal-humorada) é o melhor animal de estimação que ela já teve.

Sempre dá para ter mais uma faixa de cabelo.

Tudo o que ela quer na vida é ser mãe.

Ela é simples. Ela é nossa Elena.

sumário

DOS AUTORES XIII

PARTE 1
o começo 5

PARTE 2
a lua de mel 75

PARTE 3
a vida após a progressão 117

EPÍLOGO 229

A CURA COMEÇA AGORA 231

AGRADECIMENTOS 235

dos autores

Brooke tem o bilhete dela. Eu tenho o meu. Eles estão guardados em nossas bolsas, sempre conosco, nunca longe. Encontrei a minha na pasta preta que levamos para a viagem dos sonhos de Elena. Na frente do envelope há um coração torto e roxo, da maneira como Elena sempre os desenhava. Ao lado, ela escreveu "PAPAI" com letras rosas-claras antes de selar o envelope e escondê-lo na divisória escondida da mochila. Brooker encontrou seu bilhete no bolso lateral de sua bolsa, onde Elena o colocara muitos meses antes. O dela também está em um envelope, com a palavra "MAMÃE" cuidadosamente escrita com a letra de mão instável que Elena passou a ter depois que a paralisia começou a chegar aos poucos. Essas são duas de muitas cartas que Elena escondeu para nós nos últimos nove meses de sua vida, algumas escondidas entre livros na estante, nos cantos de nossas gavetas dos criados-mudos, entre pratos no armário de louça ou entre fotografias guardadas em caixas durante a construção; cada bilhete deixado de modo proposital, professando o amor que ela sentia por sua família. São lembretes constantes de sua determinação e inspiração. Ela soube, de alguma forma, que um dia precisaríamos deles para seguir em frente.

Eu adoro o coração do meu bilhete. Sinto muita saudade do "PAPAI" que está escrito não apenas no meu envelope, mas em tudo, desde papel da impressora a pedaços de papel espalhados pela casa. Mas, apesar disto, não consigo abrir o envelope. Em um dos últimos bilhetes de Elena que li, ela dizia sentir muito por estar doente. Encontrei esse bilhete duas semanas depois da sua morte, dentro da gaveta do meu criado-mudo. Chorei por uma semana. Só consigo imaginar o que está escrito neste bilhete. Talvez diga que ela sabia, mais do que qualquer um poderia imaginar, que desde o primeiro diagnóstico do câncer no cérebro, até o fim, ela compreendia. Compreendia as conversas disfarçadas com os médicos, compreendia que nunca mais voltaria a ter o que havia perdido e compreendia que, por fim, sua vida lhe seria tirada. Mas, acima de tudo, espero que ela tenha compreendido que nós também a amávamos. Gostaria de ter deixado bilhetes para ela também.

Este livro também é um bilhete de Elena, mensagens de uma menininha que ensinou muito sobre a vida à nossa família. E, apesar de ter sido escrito por nossas mãos, representa as lições de uma menina de seis anos da única maneira que ela sabia nos dar: por meio de seu coração. Na verdade, essas lições sempre foram dadas pensando em sua irmã, Gracie. Sempre continuarão sendo para Gracie. Sentado com Elena naquela triste noite de novembro, com as luzes do monitor hospitalar iluminando seus suaves traços e sorriso caloroso, eu soube que nossas vidas mudariam para sempre. Aconteceu no momento em que eles nos disseram que ela tinha 135 dias de vida. Felizmente tivemos mais que isto, e nos nove meses que vieram depois daquele dia, Elena ficaria mais sábia e cansada, nós como pais perderíamos o medo, e Gracie perderia sua melhor amiga – sua "Lena". Mas Gracie ainda era pequena demais para compreender e lembrar. O diário foi a maneira que encontrei de preservar essas lembranças, um dia por vez.

Em algumas noites, eu escrevia. Em outras, era Brooke. Havia noites em que nós dois escrevíamos.

Em uma tentativa de melhorar a clareza, as palavras de Brooke estão em uma fonte diferente ao longo do livro. De vez em quando, as coisas que escrevo se tornam uma mistura de comentários e raiva, enquanto as dela permanecem amorosas e atuais.

Apesar de Brooke e eu termos sidos os únicos a escrever este diário, nossos dias eram sempre tomados pela presença dos avós, tias, tios, familiares e amigos que ofereceram um ombro, no qual podíamos chorar, e força. Todos os dias, eles apareciam quando mais precisávamos e se retiravam para que pudéssemos ser a família de quatro membros de novo. Vocês os conhecerão nas páginas deste diário, à medida que ajudavam Elena e lhe davam a valiosa fuga de sua luta diária.

Em um esforço de nos comunicarmos com a família, nosso diário a Gracie foi postado na Internet. Por acaso, ou por contato amigável, o diário logo se tornou muito mais. Os relatos da família se tornaram públicos na medida em que milhares de pessoas do país todo começaram a acompanhar a história de Elena e nossa mensagem a sua irmã mais nova. A princípio, nos retraímos, incomodados com a atenção e as cartas. Afinal, era apenas para Gracie, e ninguém mais. Tentamos explicar isso em inúmeros *posts*. Ninguém nos escutou. As cartas chegavam, todas começando assim "Vocês não me conhecem, mas...". Algumas chegavam com chocolates para Elena, outras com materiais para desenho, mas todos nos diziam como aquele diário simples os ensinava a amar seus filhos e a valorizar os menores momentos da vida. De repente, os filhos daquelas pessoas deixaram de ser irritantes e se tornaram um propósito na vida delas. Aprenderam a encontrar tempo, a levá-los para a escola e a ler o maior livro da estante antes de colocá-los para dormir. E, em relação a isso, compreendemos a missão de Elena. Ela não apenas nos ensinaria, mas talvez sua lição pudesse ajudar outras pessoas também.

O diário continuou e as pessoas leem todos os relatos. Ainda não nos sentimos à vontade com a atenção, por isso algumas postagens e bilhetes continuam privados até hoje. Outros estão sendo publicadas pela primeira vez neste livro, com a esperança de aumentar a conscientização. São nossos mais profundos pensamentos, sentimentos e opiniões. Simplicidade – assim como Elena.

Parece apropriado que seu diário tenha corações na capa. Eram a sua marca, assim como o nome escrito de trás para a frente. E assim como em meu bilhete, o coração desenhado na frente do envelope diz tudo. Ela se comunica com nada além de um coração, que nos diz que ela nos ama, mesmo além das barreiras da vida. Isso é tudo de que eu preciso saber. Amanhã, provavelmente, encontrarei outro bilhete e ele também não será aberto, mas mantido no bolso lateral de minha bolsa. Um dia, reservarei um tempo para ler todos eles no conforto da casinha de brinquedo de Elena, ao lado da árvore sob a qual espalhamos suas cinzas. Vou chorar e pensar no quanto ela sabia. Mas, no fim, vou concluir que ela só conhecia sua família e só sabia amar. Estas são as suas palavras, fotos e inspiração. Um coração – uma mensagem.

i love
You
Mom
DAD
grace

i Love
You
DAD
Grace
Elena

I LUV
YUO
DAD

parte 1: o começo

Dia 1 – 29 DE NOVEMBRO

O DIA COMEÇOU CEDO. Nós o chamamos de "complicado". Com a cirurgia marcada para as 7h, ela só poderia comer à 1h. Assim, à meia-noite, eu a acordei para que comesse um café da manhã/jantar de iogurte – mas a enfermeira esqueceu de pedir iogurte antes de a cozinha fechar, e acabamos lhe dando pudim e calda de maçã. Da uma da madrugada até o amanhecer, conversamos sobre "Alice no País das Maravilhas", sua recém-descoberta na TV e o que ela sempre quis fazer. E apesar de nem sempre eu entender o que ela dizia, por causa do tumor, consegui entender seus desenhos.

Primeiro, ela fez um círculo com linhas tortas. Era para lá que queria ir – o único problema era que eu não sabia o que ela estava querendo dizer. Depois de diversas tentativas e mais frustração da parte dela, entendi que estava falando sobre o "pequeno restaurante" – o lugar confortável cerca de 1,5 quilômetro de nossa casa.

Seu rosto se iluminou quando ela me disse que queria espaguete e queijo. Era um pedido especialmente simples, e o colocamos na lista. O pedido seguinte foi um pouco mais difícil: a Torre Eiffel. Até hoje ainda não sei de onde ela tirou isso. Mas, independente de qualquer coisa, aquela era a lista e o que precisávamos fazer. Depois disso, a lista continuou, com a "rua dos vestidos", que imediatamente reconheci como sendo um bairro com lojas de vestidos em nossa cidade, mas fingi não entender. Era a mesma rua pela qual eu e as meninas passávamos de carro no caminho para a nossa casa, durante os últimos cinco anos, e pedia a elas para escolherem seus vestidos. Agora ela estava me pedindo para levá-la para as mesmas lojas que sempre idealizei levá-la quando estivesse noiva. E me perguntei se ela chegaria a viver aquilo. Mesmo assim, ela deu prosseguimento à lista.

Conforme a noite passava, continuamos conversando. Ela queria falar e eu queria escutar. Dormir não era tão importante quanto tivera sido três dias antes. Observei seu rosto iluminado pelas luzes do monitor hospitalar tentando imaginar se conseguiria me lembrar de todos os detalhes: a maciez de seu rosto, o brilho dançante em seus olhos, a inocência de seus pensamentos. Seria tudo aquilo um pesadelo? Eu acordaria no dia seguinte e o tumor simplesmente teria desaparecido? Talvez aquela fosse apenas uma lição da vida e amanhã o tumor milagrosamente desapareceria. Eu só podia torcer para que isto acontecesse.

Naquela noite, os médicos haviam dito que deveríamos ir para casa e dormir, mas depois de terem nos contado que nossa filha só tinha 135 dias para viver, dormir não estava em nossos planos. Mesmo assim sorrimos, secamos as lágrimas e tentamos fingir que tudo estava bem. Mas foi Elena quem deu a melhor sugestão. Antes de partir, ela queria comemorar o Natal. Por isso, reservamos um tempo para encontrar o precioso Jesus e seus enfeites de anjos e pendurá-los na árvore que os avós haviam montado rapidamente minutos antes. Irônico, porque, nos anos anteriores, eu insistira para que a árvore não fosse montada antes de 15 de dezembro. Apesar disso, este ano, quanto antes ela fosse montada, melhor.

Brooke leu um livro para as meninas antes de dormir. Foi o livro mais longo que conseguimos encontrar.

Dia 2 – 30 DE NOVEMBRO

A viagem a Memphis foi demorada. Elena foi aceita no programa de lá, que oferece tratamentos experimentais para o tronco cerebral, por isso marcamos o primeiro voo que conseguimos. Deus abençoe Elena e seu desejo de estar bonita. Para evitar que ela adoeça, tomamos todas as precauções necessárias, desde purificar o ar e limpar nossa casa a providenciar vacina antigripe para todos da família. Por fim, compramos máscaras de proteção no hospital para que Elena as usasse no avião. Ela não quis nem saber. É claro que gostou de ser levada na cadeira de rodas como uma rainha no trono, mas usar a máscara foi um pouco demais. Afinal, o que os passageiros pensariam de sua aparência? Depois de muito insistir, acabamos nós usando as máscaras. Ela disse que eu parecia um tolo.

Outro problema foi passar pelo sistema de segurança no aeroporto. Devido a todos os remédios de Elena, demorou uma hora para passarmos. E mais uma hora para que a mamãe passasse pelas lojas de presentes. O que Elena queria, a mamãe comprava, e, com isso, ela ganhou um novo ursinho Beanie Baby e sorvete. Se tivéssemos passado por mais lojas até o terminal, tenho certeza de que estaria falido.

Duas horas depois, estávamos em Memphis. Lá conhecemos o novo hospital e nossa nova rotina. Contrariando o que havíamos escutado antes, foi tudo muito rápido enquanto Elena recebia a tenção de que precisava para que pudéssemos ter uma chance de lutar. Antes do anoitecer passamos por quatro consultas, com duração de mais de uma hora cada uma, dois raios X, orientações e por uma casa nova. Ela estava exausta, e eu também. Terminamos a noite no quarto de hotel, lendo os cartões desejando melhoras escritos pelos coleguinhas de jardim de infância. Ela foi para a cama levando os cartões para baixo dos cobertores. Ainda estou tentando encontrar uma maneira de tirá-los de lá antes de ela adormecer.

Até aqui, tudo bem. Dois dias e encontramos todas as pessoas certas. Até realizamos dois desejos de Elena: montar a árvore de Natal e ir ao aeroporto.

Dia 3 – 1º DE DEZEMBRO

Pela primeira vez vimos uma foto do tumor. Não apenas é grande, mas também está escondido dentro das paredes do tronco cerebral de Elena. O prognóstico não é bom. Originalmente, disseram que teríamos de três a seis meses. É um pouco mais reconfortante o fato de agora os médicos dizerem que é possível que tenhamos entre sete meses e um ano. Ainda não é tempo suficiente para ver minha filha fazendo aulas de direção, tendo seu primeiro encontro, casando-se ou tendo filhos. Os marcos dos quais mais nos lembramos na vida foram arrancados dela. Não há chance, não há esperança. Mas, ainda assim, são meses, e no momento qualquer coisa é melhor do que o que nos disseram no começo.

Elena tem se cansado muito agora, e começou a sentir medo de qualquer pessoa usando luvas azuis. Afinal, foram mãos com luvas azuis que mexeram e remexeram nela durante a última semana. Acho que, agora, ela teme mais as luvas do que as agulhas. Estou pensando em comprar uma caixa de luvas transparentes para os médicos da sua ala apenas para acalmá-la. Ela também começou a prestar atenção e a fazer perguntas. Sempre soube que Elena escutava as nossas conversas, mas agora ela acrescentou a seu vocabulário palavras como "troca de soro", "ressonância magnética" e "tomografia computadorizada". Eu sempre soube que ela aprenderia todos esses termos se algum dia resolvesse se tornar uma médica, mas nunca imaginei que obteria este conhecimento como paciente. Mas agora ela presta atenção enquanto tento esconder a verdade do que enfrentamos.

Esta noite, decidimos servir-lhe o jantar que quisesse na companhia de seus primos, que vieram de carro do Alabama para fazer uma visita. Parecia uma boa ideia, mas quando saímos da consulta com os médicos às 19h, já estava um pouco tarde. Assim, apesar de ter gostado da arte com balões que fizemos para ela, Elena não conseguiu esperar pela refeição, e adormeceu no ombro de sua tia. A partir de então, sua fadiga só piorou, e tivemos de carregá-la para fora do restaurante para não corrermos o risco de ela cair de sono. Sei que ela precisa de companhia, mas neste momento acho que também precisa descansar. Ela teve uma semana difícil, e este é só o começo.

Dia 4 – 2 DE DEZEMBRO

Hoje foi um bom dia. Foi sábado, e não tivemos de ir ao hospital – só precisamos fazer Elena sorrir. Ela estava cansada de manhã, mas queria muito comer waffles. Depois de acordar às seis da manhã de seu sono de olhos abertos e dentes rangendo, ela só queria waffles com manteiga. A princípio não conseguimos compreender o que dizia, pois sua fala é limitada, mas felizmente ela conseguiu dizer "WFL" para expressar seus desejos. Servimos a ela os waffles com chantili, gotas de chocolate e cerejas para fazer os olhos. E ela comeu tudo, menos as cerejas. Devem ser os esteroides funcionando.

Pela primeira vez Elena perdeu a sensibilidade nas coxas. Agora, ela manca da perna direita, não tem reflexo faríngeo, está com pouca capacidade de movimentar o braço direito, perdeu a visão periférica do olho esquerdo e está com a sensibilidade reduzida nas pernas. Sei disso porque, tentando fazê-la sorrir, fiz cócegas na parte onde ela tinha mais sensibilidade: os joelhos. Antes, tudo o que precisava fazer era levar minhas mãos na direção de seus joelhos e, instantaneamente, via um grande sorriso. Agora, ela só olha para mim de modo irritado. Sinto saudades de fazer cócegas em minha filhinha. Como pai, isso quer dizer mais do que diversão – é uma maneira de expressar meu amor. Terei de encontrar outra maneira de fazê-la sorrir.

Dia 5 – 3 DE DEZEMBRO

Uma carruagem guiada por um cavalo é sua terceira opção depois do "pequeno restaurante" e da "Torre Eiffel" (acredito que isso, em parte, se deve ao fato de que quando lemos *Alice no País das Maravilhas*, na primeira noite, passamos por *Cinderela* e uma ilustração da carruagem de abóbora). Felizmente, havia muitas carruagens em Memphis. Assim, enfrentando ventos de -6ºC, fomos ao centro da cidade para passear de charrete com cavalo. Instantaneamente o sorriso surgiu em cima da ansiedade que recentemente monipolizara o rosto de minha menininha. Ela sorria e eu me sentia novamente um pai enquanto percorríamos as ruas. Mesmo com o câncer, eu consegui fazê-la sorrir e pude lhe devolver a infância que estava prestes a perder. E, apesar do frio, o sorriso de Elena foi caloroso o bastante para esquentar nossos corações. Espero que essa seja uma lembrança duradoura. Dali, fomos a uma fábrica de bichinhos de pelúcia para que ela pudesse criar o ursinho que quisesse. Apesar de ser um de seus pedidos, foi bem menos satisfatório para nós dois em meio à correria de Natal. Dentro da loja lotada, estávamos entre a centena de consumidores que lutavam pelo primeiro lugar na corrida comercial contra o tempo. E, pela primeira vez, senti inveja. Inveja da alegria, inveja da ignorância, inveja da pressa deles. Eu queria ser um deles, mais preocupado em chegar à loja seguinte do que lutando para esquecer a lembrança de um futuro limitado.

Mas, então, percebi que minha família e eu éramos as pessoas que de fato valorizavam aquela data e tudo o que ela representava. A doença de Elena nos ensinou a espremer o último raio de sol de todos os dias e a ver nossos filhos como mais do que uma lista de presentes de Natal. E apesar de eu continuar não merecendo essa lição, nunca mais desperdiçarei outro dia. Acredito que Elena também percebeu isso e pediu para sair do shopping center para comprar um sorvete. Saímos, é claro, depois de convencer a Gracie, que já estava de olho em uma roupinha de bailarina para seu poodle de pelúcia.

O que tudo isso significa? Não sei, e não acho que todo momento traz uma lição. Tudo que sei é que essas lembranças precisam durar. Independente de irmos à Torre Eiffel ou ao mercado, os dois momentos podem ser valiosos se tirarmos o máximo proveito deles.

Dia 6 – 4 DE DEZEMBRO

Hoje foi o aniversário de Elena. Não é o dia certo, mas está perto. Com os tratamentos de radiação e com a biópsia acontecendo nesta próxima quarta-feira, hoje foi uma data boa para seus avós e para nós. Com os 10% de risco que ela corre com a biópsia, sentimos que precisávamos fazer uma festa. Então, depois dos compromissos da manhã, fomos todos almoçar e depois voltamos para o quarto para que ela abrisse os presentes. Lá, ela ganhou um violão da tia e uma câmera digital do avô e da avó. Agora, temos fotos de como ela vê as coisas. A única desvantagem é que as fotos que ela tira são todas da cintura para baixo.

Dia 8 – 6 DE DEZEMBRO

Ontem à noite tivemos de tomar uma decisão de partir o coração. Acabamos decidindo que o atraso de duas semanas no tratamento do tumor de Elena era mais do que estávamos dispostos a arriscar. Com a boca paralisada e sem conseguir engolir, ficamos receosos de que esperar mais duas semanas para uma biópsia seria demais. Esperamos que, tratando esse problema agora com radiação, consigamos recuperar grande parte das suas funções normais no período de recuperação.

Perto do meio-dia de hoje, percebi que Elena estava ficando muito quieta. Perguntei o que havia de errado e ela me disse que estava ficando irritada porque todos estavam falando sobre ela e ao redor dela, mas ninguém estava *conversando com ela*. Esse é o novo desafio. Então, pedi aos médicos e enfermeiras que conversassem diretamente com ela, mesmo que não dessem muitos detalhes. Explicamos o que vai acontecer com a radiação e como tudo que estamos fazendo agora vai ajudá-la a ir para casa e voltar à normalidade.

Temos seis longas semanas pela frente, mas acredito que assim que a radiação começar, voltaremos para nossa rotina e ela começará a se sentir melhor.

O prognóstico não mudou, e ainda estamos esperando um milagre, mas encontramos conforto na tomada de decisão e indo adiante para deixar Elena melhor. Apesar de ainda sentirmos raiva e tristeza, forçamo-nos a pensar de modo positivo. Acredito piamente que se há uma criança que pode vencer essa doença, esta criança é Elena.

Dia 9 – 7 DE DEZEMBRO

Acredito que poderia ser arrependimento – talvez remorso. Mas sem uma conclusão, não parece nenhum dos dois. Hoje, enquanto esperávamos por um procedimento médico com Elena, vi uma mãe e seu filho sentados a nossa frente. Ele tinha cerca de 11 anos e era, obviamente, um paciente em tratamento de câncer cerebral. Apesar de muito animado, havia passado por todos os tipos de procedimentos e cirurgias que se possa imaginar. Ele havia perdido os cabelos por causa da quimioterapia agressiva, estava sendo submetido à sua última ressonância magnética e tratamentos com radiação, e tinha uma cicatriz que ia desde a sobrancelha até a nuca, com um cano localizado embaixo da pele. Mesmo assim, ele mantinha a personalidade e o senso de humor para lidar com o mancar e com a paralisia facial que costumam vir depois da cirurgia cerebral.

Minha filha teria ficado com aquela aparência se tivéssemos escolhido a biópsia, cirurgia e quimioterapia? E mesmo que tivéssemos essa opção, com o tipo de tumor que ela tem, o resultado teria sido pior? Acredito que nunca saberemos, mas a pergunta que não consigo deixar de fazer é se nossa decisão de tratar o tumor como um glioma, em vez de realizar a biópsia, tira a chance de uma cura completa. É claro que os riscos são enormes, e uma cirurgia do tronco cerebral quase nunca termina perfeitamente bem. Mas, para começar, quais são as chances de uma pessoa ter um tumor desse tipo no pior lugar possível com um dos piores tumores que existem? Acredito que a questão é tomar a melhor decisão possível em tempo suficiente para prevenir as inevitáveis complicações que ocorrem se exploramos todas as opções e realizamos todos os testes. Ainda assim, são perguntas das quais, como pai, nunca escaparei.

Apesar de elater passado por poucos procedimentos invasivos, Elena tem tido cada vez mais dificuldade para caminhar, falar e mexer o braço direito. Pela primeira vez percebi também que ela não consegue mais fazer o som do beijo quando pressiona os lábios contra minha face. Disso vou sentir mais falta. Pelo menos ela continua animada, e seu soco continua forte. Neste momento, ela quer ficar mais com a mãe do que com o pai; afinal, o pai faz cócegas e a provoca, enquanto a mãe acaricia e acalenta. E agora ela precisa mais de carinho do que de provocações. Ainda assim, consigo um sorriso de vez em quando; e também ganho um soco do braço esquerdo, ainda forte, quando quer que eu deixe de perturbá-la. E eu lhe digo, nessas ocasiões, que se ela quer me bater e chutar, tem de fazer isso com o lado direito – o lado que tem a paralisia parcial. Acredito que existe mais de uma maneira de realizar a terapia.

Com o tumor progredindo, sua fala agora está muito limitada e é possível vê-la contando quantas vezes mastiga os alimentos para não engasgar. Acredito que ela tem tanta consciência de sua situação quanto nós. A paralisia da língua e do palato também está dificultando muito entendermos o que ela diz. Ela tem ficado visivelmente frustrada e, com a mão direita quase completamente imobilizada, tem dificuldades em expressar seus pensamentos com movimentos. Brooke e eu agora estamos tentando ensinar-lhe a língua dos sinais para o caso de perder totalmente a capacidade de falar, e também sua visão. Esperamos que ela nunca tenha de usar a língua dos sinais, mas temos a dolorosa consciência de que essa pode ser sua única conexão com o mundo. Ela já sabe o alfabeto, de A a E, e conhece os sinais para mãe, pai, obrigada, árvore, sede, fome e orgulho. Usamos o sinal do orgulho muitas vezes ao longo do dia. Brooke está lhe ensinando o sinal para "droga!", para que ela possa pelo menos xingar quando estiver frustrada. Não acho que haja um sinal para "que pena!". Eu sempre lhe digo que enquanto ela tentar nos dizer coisas, vamos continuar nos esforçando para entender, e assim nunca desistiremos de conversar.

Dia 10 – 8 DE DEZEMBRO

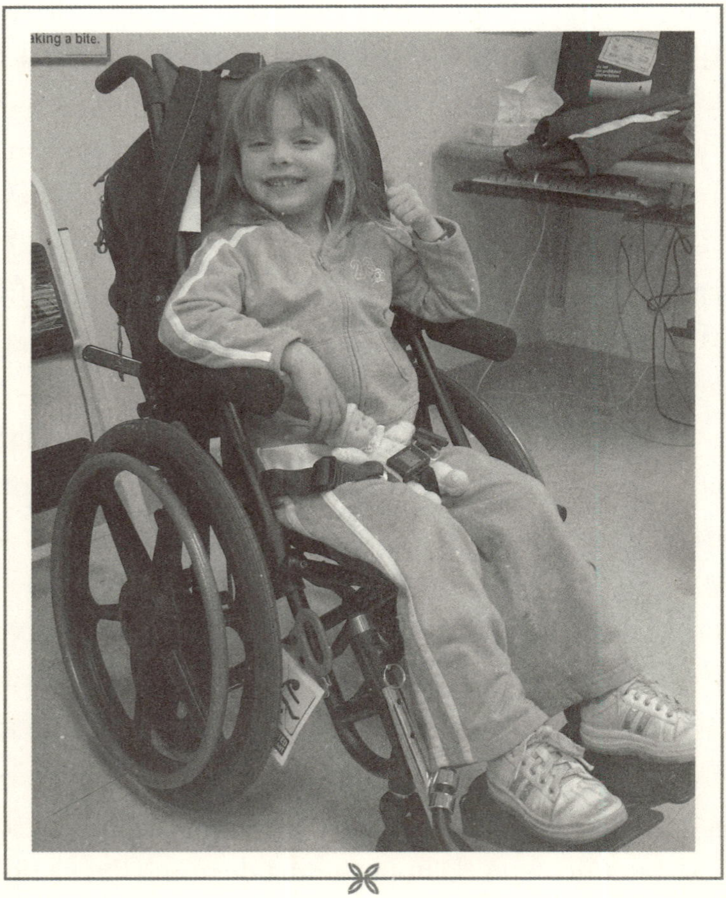

Hoje Elena ganhou uma cadeira de rodas. Acredito que sabíamos que isso estava para acontecer há uma semana, mas decidimos nos enganar pensando que se tratava dos efeitos tardios da anestesia e do cansaço. Agora, finalmente admitimos que é por causa do tumor. Não tivemos como negar quando Elena acordou e sua mão direita estava levemente virada com os dedos enrolados na palma – da mesma forma que acontece com pacientes idosos portadores de atrofia. Ela estava com a mão direita inchada, sintoma característico, a fenda na palma e os dedos rachados. Sempre hidratamos a palma da mão e tentamos fazer com que ela mexa a mão, mas não adianta. O fisioterapeuta nos disse que vai começar a trabalhar com Elena na próxima terça-feira, mas parece que ainda está muito longe; assim como a radioterapia.

Em um esforço de manter sua mão ativa, começamos a preenchê-la com copos de pudim e a insistir para que coma sozinha. Na verdade, ela insiste em manter sua dependência tanto quanto nós. Apesar de não ser útil para muitas outras coisas, sua mão direita é do tamanho perfeito para segurar esses copos e, com seu vício em pudins de chocolate, aproveitamos o ensejo. Só hoje ela comeu cinco pudins de chocolate e três potinhos de sorvete de chocolate e baunilha. Apesar de estarmos tentando inserir legumes, frutas e carne em sua dieta, com sua dificuldade para engolir temos tido dificuldades de fazê-la comer tudo isso sem se engasgar.

Além disso, é muito difícil evitar mimá-la agora. E não somos os únicos. Por ela ter entrado e saído da sala de recuperação muitas vezes na última semana, as enfermeiras começaram a preparar sorvete de massa para antes dos procedimentos médicos aos quais é submetida; só para ela. Durante seis anos Elena não quis nada além de sorvete de baunilha. Agora, ela só quer de chocolate e baunilha. Infelizmente, este é exatamente o sabor que não tem no hospital. Mesmo assim, as enfermeiras não param de misturar uma porção de cada sabor, congelando-as em um pote especial apenas para Elena. Agora, ela não apenas tem o próprio sorvete, como uma prateleira especial dentro da geladeira onde as enfermeiras guardam seus lanchinhos.

Hoje à noite, Gracie chegou com seus avós e viu Elena em seu pior estado. Horas depois de sair da cirurgia e com os níveis de esteroides altos, não estava interessada em ter companhia, mas ficar um pouco com Gracie era exatamente do que ela precisava. Gracie sempre conseguiu fazer Elena rir, mesmo nos piores momentos. E hoje foi um desses momentos. Ao final da noite, as duas estavam rindo e brigando, como sempre. Gracie até tentou empurrar a cadeira de rodas de Elena para um lado e outro do corredor, até as duas baterem com tudo na parede do elevador. Acredito que as duas precisavam disso, apesar de a mamãe não pensar a mesma coisa. Mais uma vez, Brooke estava certa, e eu, errado.

Dia 11 – 9 DE DEZEMBRO

Nos últimos cinco anos, nunca tiramos uma foto de família. Não porque não tivéssemos tempo nem dinheiro, mas, sim, porque sempre pensamos que o próximo ano seria o ideal para isso. Em uma família repleta de compromissos, contas e gratificações atrasadas, isso nunca foi uma prioridade... até agora. Hoje de manhã, finalmente tiramos uma foto – cinco anos atrasados. Vestimos peças da mala de roupa que fizemos dez dias antes e forçamos uma alegria que não sentimos por dentro. Até que alguma coisa aconteceu – e nós nos redescobrimos.

Descobrimos que Elena ainda tem seu sorriso contagiante e pose de modelo, que Gracie continua sendo a engraçadinha, com o sorriso divertido e característico e a inquietação de sempre. A mamãe continua sendo a cola da família, com seus olhos azuis brilhantes e a graça calmante. Eu, por outro lado, sou apenas o estranho. E por 20 minutos vivemos como duas semanas atrás, de foto a foto, e lembramos de uma família que tinha tudo porque tínhamos uns aos outros.

Gostaria que tivéssemos tido essa experiência todos os anos. Gostaria de poder olhar para as fotos dos outros anos e dizer: "Olha como ela era pequena" ou "Ela não conseguia parar quieta nessa época". Cada foto conta uma história de momentos mais felizes – não temos fotos que bastem. E apesar de saber que os pesos de hoje desaparecerão entre os pesos de amanhã, uma coisa continuará clara: o amor expresso naquelas fotos nos ajudará a superar qualquer desafio adiante. Tire uma foto.

Dia 12 – 10 DE DEZEMBRO

Olhando para trás, ainda estamos satisfeitos pela decisão que tomamos. Se tivéssemos decidido realizar uma biópsia ou cirurgia, a radioterapia e a quimioterapia só teriam começado depois do Natal, o que teria sido tarde demais. Já percebemos uma diminuição na capacidade de deglutição hoje de manhã, o que certamente traria a necessidade de inserção da sonda, se não fôssemos fazer a radioterapia amanhã. Todas as enfermeiras e médicos nos dizem que ela provavelmente vai piorar antes de melhorar, mas isso diminuirá conforme o tumor encolher nas próximas duas semanas. Ainda precisamos ver se a paralisia e a fala vão melhorar, mas já estamos lhe dizendo que a cadeira de rodas será usada temporariamente.

Apesar de não querer a cadeira de rodas a princípio, agora ela a adora. Acredito que ela gosta de ser empurrada o tempo todo para todos os lados, e de toda a atenção que recebe. Mas, depois de ir ao mercado com a cadeira de rodas sozinho, mal posso esperar para me livrar dela. Uma coisa é empurrar uma cadeira de rodas, e outra é ter de empurrar um carrinho de compras ao mesmo tempo. Depois de diversas tentativas, finalmente estacionamos o carrinho no fim de um corredor e íamos e voltávamos, pegando os produtos de que precisávamos. Isso deu certo até o terceiro corredor, quando alguém saiu com nosso carrinho e os alimentos dentro dele. Naquele momento, decidi que só o básico era o suficiente, e fui direto para o pão e o iogurte, dando por encerrada a compra. Bastou por um dia.

Dia 14 – 12 DE DEZEMBRO

Seu novo apelido é Fred. Pelo menos é assim que a chamo quando tenta ignorar os médicos e enfermeiras. E isso sempre causa uma reação. A princípio, um tapa com a força que resta em sua mão esquerda, e depois um sorriso começa a surgir em seu rosto.

A princípio, eu a apresentei como "Fred George" quando o motorista do ônibus perguntou como ela se chamava e ela reagiu escondendo o rosto nas mãos. Eu não poderia deixar que seu dia começasse ruim. A partir daquele momento, o nome pegou. Ela foi "Fred" para a recepcionista, para as enfermeiras na radioterapia e para qualquer outra pessoa que estivesse perto. E, então, minha menininha começou a se soltar. Os tapas ficaram mais fortes, e também os sorrisos. Eu sabia que seria apenas uma questão de tempo. O restante do dia passou muito bem; sua atitude ficou mais positiva, ela não sentiu mais tanto medo dos tratamentos de radiação (estou sendo bonzinho aqui; ela chorou ao ser sedada), e na verdade começou a falar em sua aula de terapia da fala. Isso, por si só, não foi pouco para uma menina que não tinha dito uma só palavra nos últimos quatro dias. As palavras não saíram claras nem altas, mas tudo valeu pelo esforço.

E então, com a mesma rapidez com que começou, nosso dia no hospital terminou. Mas, por mais que quisesse descansar, ela ainda queria ver os animais. Então, fomos ao zoológico. Nos quarenta minutos seguintes, o passeio foi algo mais ou menos assim: "Oh, o hipopótamo. Oh, a girafa. Oh, o leão-marinho. Oh, o pinguim – não tem problema, eles não estão aqui fora". Trinta segundos por animal não deixa muito tempo para reflexão – principalmente com nuvens pairando sobre nossas cabeças.

Até que vimos os pandas, ou melhor, os P-A-N-D-A-S! Pessoalmente, não compreendo a graça que eles têm. Por que eles têm casa, linhas de proteção e seus monumentos, enquanto os pobres elefantes não têm nada além de uma cobertura ruim? O pavão não deveria ter, pelo menos, um pequeno templo? Aparentemente, sou a minoria, e o resto do mundo ama os ursos pintados de preto e branco, incluindo minha filha. Para isso, tivemos de passar dez minutos admirando-os, e passamos correndo pelas zebras, pelo gorila e por aqueles animais com listras que parecem antílopes (acredito que todo zoológico tem milhares deles masas ninguém sabe o nome) para recuperar o tempo perdido. Elena não se importou; para ela, os pandas mereciam um templo, pois pressionou o nariz conta o vidro o máximo que pôde sem cair da cadeira de rodas. E então veio o sorriso. E depois o comentário: "Papai, tire uma foto". E então ela se comportou como sempre. Gosto dos pandas um pouco mais agora.

De lá saímos pelos portões em direção ao nosso carro, mas não sem antes encontrarmos três homens amish que tínhamos visto no hospital quando visitavam um paciente. Três horas antes eles tinham ido ao zoológico, e agora estavam pensando melhor, ao ver nuvens grossas se formarem. Então, em nossa infinita sabedoria, pensamos que deveríamos oferecer uma carona aos homens amish. Elena achou tudo aquilo hilário. Não tenho certeza de que tenha compreendido o gesto, mas continuou rindo mesmo assim. E enquanto partíamos, um dos homens brincou, dizendo: "Pelo jeito, vocês nunca deram carona aos amish", e Elena começou a rir e assim continuou o caminho todo. Durante todo o trajeto, riu muito com os três amish no banco de trás da van. E se houvesse tempo para uma foto, aquele seria o momento. Mas a bateria de minha câmera não permitiu. Bem... esse tipo de coisa acontece todos os dias. Vou tirar uma foto da próxima vez.

Dia 15 – 13 DE DEZEMBRO

O Natal está à toda agora no hospital, com doações chegando a todo segundo e vinte brinquedos ou mais por paciente. Acredito que finalmente descobri o alojamento oficial dos Papais-Noéis de mentira, pois tivemos visitas de cinco deles nos últimos quatro dias. Para Elena, isso não ajuda muito na lenda do Papai-Noel. Acredito que ela sabe a verdade, mas não ousa me dizer. Acho que pensa que eu ainda acredito nele e não quer estragar meu Natal. O Papai-Noel veio de novo hoje. Mas, pela quinta vez, até Elena ficou meio retraída. Sem nada para fazer enquanto esperávamos as duas horas pela próxima consulta, decidimos atravessar o campus. Aparentemente, não estávamos sozinhos, pois entramos em uma fila de centenas de pessoas que também estavam esperando para ver o Papai-Noel. Poucos minutos depois, Elena era a primeira da fila, levada para o grupo de crianças de até seis anos. Ali ela recebeu um brinquedo e um livro, que abriu imediatamente para ler. Apesar de ter sido uma gentileza, aquilo foi inesperado... pelo menos para nós. Pelo que descobrimos, tratava-se de um evento anual, como disse a multidão ao nosso redor na fila das crianças até seis anos. Os pais não apenas sabiam de sua existência, mas também haviam preparado os filhos para o acontecimento, instruindo-os a pegar o brinquedo "mais valioso" ou o "mais procurado" do momento. Aquela ocasião deixara de ser o que fazia as crianças felizes e se tornara o que fazia os pais felizes. Ali, ao meu redor, havia crianças que tinham sido arrancadas da maca de quimioterapia para ir ao evento apenas para que pudessem conseguir um "prêmio" para os pais. E apesar de algumas daquelas crianças terem escolhido estar ali, havia também aquelas que prefeririam estar na cama... qualquer lugar, menos ali. Também parecia que estavam com vergonha dos pais. Eu também ficaria. E eles não apenas se prepararam para aquele evento, como também se gabavam para as outras famílias sobre como haviam feito uma organização de caridade acreditar que o filho de quatro anos queria ir para Las Vegas como desejo final. Não sei o que vocês pensam, mas acho muito difícil de acreditar que qualquer criança de quatro anos escolha Las Vegas como as férias ideais.

Será que Elena estava pensando a mesma coisa que eu? Não sei, mas quando chegou o momento de ela escolher, escolheu o livro de pintura mais simples, de cinco dólares, que havia na mesa, e não um CD player, nem um instrumento musical da Ariel, da Disney, nem o MP3 player ou a Dora qualquer coisa dentro de uma caixa gigante. Eu concordei. Saímos e nos sentamos na grama, pensando no que havíamos acabado de ver, enquanto folheávamos o livro.

A tragédia pode inspirar ou arruinar nossa vida. Algumas pessoas usam a tragédia para explorar, e as ramificações dessas ações ferem não apenas sua reputação, mas as impressões de seus filhos também. Outras pessoas reagem à tragédia com escapismo e mimam seus filhos. Eu sou assim. Diante da situação de Elena, quero tirá-la de tudo isso e lhe mostrar o mundo. Quero pular os próximos seis meses de aula e não tirar os olhos dela um minuto. Quero lhe comprar aquele cãozinho ao qual eu disse ser alérgico, aquele brinquedo especial para o qual nunca tive dinheiro suficiente e as roupas mais lindas que não sejam de uma loja de segunda mão. Quero dar tudo a ela. Mas, ao fazer isso, sei que também tiraria tudo.

A normalidade também é um presente. Ela está com saudade de casa porque quer ir para a escola, quer sua casa imperfeita, quer regras e disciplina, e porque quer sua irmã por perto. Afinal de contas, de certo modo, nosso dia a dia é a vida que escolhemos e, esperamos, a vida que sempre quisemos. Isto é o máximo que podemos esperar: estarmos satisfeitos com nossa vida e conosco. Esse é o presente que dou a minha filha, e que devo continuar lhe dando pelo resto da vida, independente de quanto esta vida dure.

Elena quer respeitar sua família, quer sua vida de volta, e não um brinquedo nem uma viagem como substituição. Nesse aspecto, sua doença nos ensinou uma lição, a de valorizar e agradecer pelo que já temos. E apesar de nunca parecer o suficiente, é do que precisamos. Ainda teremos nossas férias, ainda valorizaremos nosso tempo juntos, mas, a partir daqui, também honrarei sua vida como uma menina de cinco anos de Cincinnati, com raízes nas tradições e na moral. Ela terá sua casa, sua família, sua escola, seus amigos e sua vida de volta depois dos tratamentos de radiação e quimioterapia daqui a duas semanas. E se ela quiser um cãozinho depois disso, quem sabe, eu posso abrir mão de minha alergia. A normalidade não significa que não vou mimá-la.

Dia 16 – 14 DE DEZEMBRO

Nos últimos quinze dias aprendi algumas regras sobre a medicina. Em primeiro lugar, a psicologia infantil nunca deve ser ignorada. Encontramos médicos de enorme prestígio que nada sabiam sobre Dora ou Barbie, e que pensavam que a solução para todos os problemas seria mais um soro na veia da minha filha. Também encontramos médicos que admitiam livremente que não sabiam o que fazer, mas paravam o que estavam fazendo para perguntar a data de nascimento de Elena, para saber que ela preferia sorvete de massa acima de todos os outros, e que sempre escolhia um adesivo da Ariel e nunca um da Jasmine, qualquer dia. E, com mais frequência, eram os médicos com boa psicologia infantil que conseguiam os melhores resultados. Não por causa do que sabiam, mas do que descobriam quando Elena se abria para eles. Afinal, para ser um bom investigador, é preciso descobrir todos os fatos. A segunda coisa que aprendi a respeito da medicina é que, para ela funcionar bem, o paciente precisa assumir um papel ativo. Ele deve não apenas entender a doença, mas saber quando direcionar o processo, se preciso. Afinal, é o seu corpo ou o seu filho que estão em jogo. Isso vai ser tão importante para ele quanto é para você.

A terceira coisa é que uma boa atitude e uma visão positiva são essenciais para a recuperação. E apesar de essa doença parecer intimidante a princípio, chega um momento em que você fica sem lenços para secar as lágrimas e precisa trabalhar pela recuperação. Estamos neste estágio agora.

A quarta coisa que aprendi é que uma garganta inflamada causa tumores cerebrais. Bem, certo, talvez não, mas é a impressão que se tem quando você leva sua filha ao hospital por causa de uma simples infecção e descobre mais do que queria saber. Vou fazer uma ressonância em Gracie se ela algum dia tiver uma infecção de garganta. Vocês acham que seria exagero comprar a máquina e manter uma delas no porão, apenas por garantia?

Mas hoje foi um dia de Gracie. Gracie Gansa, especificamente. E quando descobrimos a importância de uma visão positiva, Gracie veio salvar o dia. Elena e Gracie nunca tiveram nada em comum, exceto seus pais. Elena tem cabelo castanho. Gracie, cabelo louro. Elena tem o nariz do pai (que azar!)m Gracie tem o nariz da mãe. Elena é a filha tranquila, enquanto Gracie é aquela que vai me deixar acordado a noite toda pelo resto de minha vida (provavelmente na varanda de casa com uma arma na mão... não se pode confiar nos meninos). Elena tem charme. E Gracie? Ela tem um sorriso brilhante e nem um pouco de graça. (Eu disse a Brooke que ela nunca teria graça se a chamássemos de Gracie, mas não ouso dizer que avisei.) Elena gosta de unhas pintadas e vestidos. Gracie adora carrinhos de controle remoto. Elena é séria e organizada; Gracie é... Gracie. E é exatamente do que Elena precisa neste momento.

Depois de passar a semana escutando sobre tumores, radiação e perda de cabelo, esforçando-se para tomar cada gole de iogurte, Elena precisava de uma dose da espontaneidade e do amor incomum de Gracie. É claro que o amor da vovó também não fez mal nenhum. Felizmente eles chegaram a Memphis na hora certa. E, juntas, finalmente conseguiram fazer Elena rir e sorrir, nas oito horas desde sua chegada. Logo Elena estava caminhando, comendo e sorrindo de novo. Então, o que o pai e os médicos não conseguiram fazer em quatro dias, Gracie e a vovó fizeram em oito horas. E a recuperação foi milagrosa. Apesar de ter certeza de que as empresas farmacêuticas e os médicos tentarão dar o crédito de sua melhora à ajuda da radição, dexametasona, senna, ondansetron e o que mais que ela esteja tomando, Elena também tomou uma dose de amor.

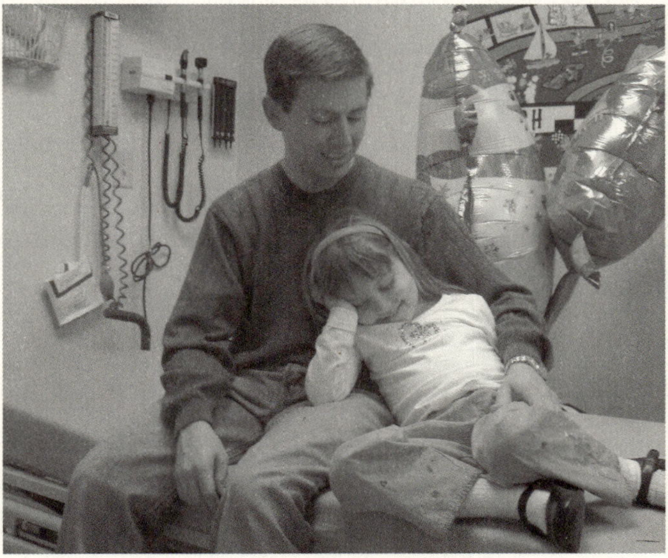

A vovó e a mamãe também deram uma prescrição. Tenho certeza de que as empresas de remédio imediatamente patentearão a compra de vestido e sapatos quando descobrirem como Elena melhorou depois de ser levada pelos corredores dos centros comercias da região para se preparar para seu grande dia do *Quebra-Nozes*, no sábado. É impressionante como um vestido de veludo vermelho e sapatos de bailarina de couro vermelho podem ajudar no tratamento de um câncer. E é provavel que também sejam mais baratos do que a maioria dos remédios.

Hoje foi dia de Gracie, e todos nós precisávamos disso. Ela tem um jeito especial de estimular a animação com sua energia em excesso e sorrisos contagiantes, e seus comentários simples, porém perspicazes. Em dado momento, ela disse: "Puxa, papai, sabe que não precisaríamos de todos estes médicos para Elena se pudéssemos trazer Jesus aqui para consertá-la", e então, no minuto seguinte, ela estava me explicando a diferença entre o adesivo da Hello Kitty que queria me dar e o adesivo da Barbie, e o colou em minha camisa. Ela nunca repetia o comentário, nunca discutia, e juro que não sei de onde vêm esses momentos de sabedoria, mas, vindos de Gracie, sabemos que partem do coração a cada minuto. Sua intensidade é aqui e agora, e Deus sabe que precisamos de cada instante que pudermos ter. E se quer saber, a diferença entre o adesivo da Hello Kitty e o da Barbie é que eu não sou menina, por isso devo ter mais em comum com um gato. Flashes de sabedoria, mesmo.

Dia 18 – 16 DE DEZEMBRO

Deve ter sido os sapatos vermelhos. Elena os calçou pela primeira vez hoje, e isso fez a maior diferença do mundo. Da manhã até a noite, Elena caminhou por quase todos os corredores sozinha (claro que sempre com o pai ou a mãe superprotetores ao seu lado.) Mesmo quando oferecemos uma carona na cadeira de rodas, ela recusou e continuou caminhando, esforçando-se para levantar a perna direita, por causa da paralisia e da atrofia. Acredito ter sido mais uma questão de força de vontade do que de força, propriamente dita, pois seus ânimos estavam exaltados, sua determinação forte... e ela estava com medo de estragar o brilho de seus sapatos novos. Veja, Elena é o tipo de menina que se orgulha do brilho de seus sapatos, então percebi que, a cada passo, ela tentava um pouco mais evitar arrastar o pé direito. De qualquer modo, funcionou, e vou comprar sapatos novos para ela todos os dias se isso continuar a dar resultados. Sua voz melhorou hoje conforme foi forçada a usá-la, mais direcionada a Gracie em gritos de "Meus...", que foram muito claros, mesmo. O restante das palavras e das frases ainda estava pouco claro, mas a parte importante foi que ela tentou. Afinal, a terapia é mais uma luta de determinação do que uma questão de habilidade. Esperamos que isso continue melhorando nos próximos dias, enquanto a mamãe estiver no comando.

E foi onde comecei dezoito dias atrás, com um diagnóstico e um mundo desconhecido e novo. Pela primeira vez, deixarei Elena para voltar para Cincinatti enquanto a mamãe assume as coisas pelos próximos quatro dias. Desde que soubemos do tumor, dezoito dias atrás, passei os dias e as noites ao lado de Elena. Conversamos sobre desejos para a vida toda e discutimos sobre os Muppets, e fizemos as duas coisas com uma intensidade que nunca pensamos ser possível. Ela é fã do Rizzo, o rato, enquanto eu gosto mais do Gonzo. O conflito não poderia ser maior. Ao mesmo tempo, aprendi mais sobre minha filha em dezoito dias do que soube sobre ela em cinco anos, onze meses e vinte e seis dias. Ela gosta de pintar mais do que desenhar, prefere camisolas sem manga e adora sorvete de massa de chocolate com baunilha acima de qualquer coisa. Quando não tem esse sabor, ela aceita o de baunilha pura, mas nunca o de chocolate apenas. E nesse período, eu a vi progredir de um mancar e uma voz fraca para a paralisia do lado direito, visão limitada do lado esquerdo e nenhuma fala. Agora, ela voltou de onde começamos, com um mancar do lado direito e a voz fraca. Fisicamente, é como se os últimos dezoito dias não tivessem acontecido, mas sabemos que não é assim. Em determinados momentos, perguntei-me se chegaríamos até aqui, conforme fomos enfrentando o susto de sangramentos internos, engasgos e um tumor que parecia vencer os tratamentos mais agressivos com esteroides existentes. Apesar de não ser algo que eu gostaria de viver de novo, esse período deixou claras nossas prioridades e nos preparou para a batalha que nos espera.

Hoje também foi um dia que nos ensinou a aceitar essa batalha quando levamos Elena para a cidade. Primeiro, ela foi com a mãe, Gracie e minha mãe para fazer as unhas das mãos e dos pés e cortar o cabelo. Foi uma chance de ser paparicada pelas pessoas da escola de beleza da região e um momento para se orgulhar de sua aparência. E apesar de o momento ter sido muito rápido devido à dor que sentiu por causa do remédio que havia tomado de manhã, foi o suficiente para mudar seu humor e desfazer o olhar triste que havia demonstrado ao longo da semana. Mais uma vez ela pareceu uma menininha enquanto exibia as unhas das mãos e dos pés a todos que parassem para olhar. Com o passeio especial para ver *O Quebra-Nozes* esta noite, as unhas vermelhas e os sapatos combinando foram essenciais.

Esta peça era algo que Elena queria ver havia algum tempo, desde que colocamos um quebra-nozes no mantel da lareira ano passado. E depois que Brooke explicou o significado e a relação com o balé, Elena ficou encantada. Então, quando a primeira árvore foi montada na loja da região depois do Dia das Bruxas (ei, é a loja à qual sempre a levo), ela sabia que estava na época da peça *O Quebra-Nozes*. Ela finalmente iria a sua primeira apresentação de balé em um teatro de verdade, com um lindo vestido, lindas unhas e cabelo arrumado. E sentiu-se nas nuvens. É claro que ela também calçou os sapatos vermelhos para completar a produção.

Eu adoraria dizer que Elena ficou deslumbrada durante todos os minutos, ou que idolatrou todas as bailarinas, mas a verdade é que ela adormeceu depois do intervalo, nos braços da mãe. A radiação tem um forte efeito nas crianças, causa muita exaustão, e foi isso o que aconteceu. Mas o impacto ocorreu. Foi uma tarde longe da anestesia, da quimioterapia e dos exames de sangue... e isso foi o que mais importou. Também foi uma chance de ficar aconchegada nos braços da mãe, o que tenho certeza a mamãe também gostou. Gracie, por outro lado, não parava quieta, pulando entre o meu colo e o da vovó, imitando os movimentos dos braços dos últimos soldados, da princesa de flocos de neve e da fada no palco. De vez em quando, também se cansava e voltava a acariciar a barba e os cabelos do vovô, dando-lhe beijos.

De modo geral, foi um bom dia. E a satisfação que sinto ao partir amanhã de manhã, depois de ver essa melhora, será ofuscada pela confirmação, de acordo com os médicos, de que esse progresso pode ser temporário. É difícil ver sua filha, antes saudável, com paralisia, com um arsenal de remédios e uma doença possivelmente terminal, tudo em questão de dias. Acredito que é muito mais difícil vê-la melhorando como estava antes, e tentar imaginar até quando essa melhora vai durar. Será por três, cinco, sete meses, ou talvez pelo resto da vida dela? Ela está realmente melhorando e, pelo que vejo, ela pode recuperar todas as suas capacidades perdidas. Nosso maior medo é de que, depois que ela melhorar, possa rapidamente regredir. Por esse motivo, Brooke e eu nos concentramos no seu tratamento, nas curas possíveis e no aprendizado da língua dos sinais como um método de comunicação se ela acabar perdendo a visão e a capacidade de falar quando o tumor voltar um dia.

É claro que sempre rezaremos por um milagre, mas a realidade é que devemos também nos preparar para o inevitável. Ao mesmo tempo, percebemos a lição a ser aprendida em termos de prioridades na vida e de focar na família acima de qualquer coisa. Isso tem ocorrido há dezoito dias, e agora nós a conhecemos melhor que nunca. E com esses dezoito dias em mente, também descobrimos uma determinação e força de vontade em nossa filha que nunca vimos antes. Se isso é sinal da força que ela tem, duvido que precisaremos daquelas aulas de língua dos sinais.

Dia 22 – 20 DE DEZEMBRO

Amanhã é o sexto aniversário de Elena. Nunca pensamos que passaríamos esse dia dessa maneira. Enquanto outras crianças esperam por um grande bolo, uma bicicleta nova e comemorações pela semana toda, não queremos nada além de tempo. E é a única coisa que não posso comprar.

Seis anos atrás, Elena me ensinou a ser pai. Eu era impetuoso e egoísta, mas rapidamente fiquei humilde com o toque delicado de sua mão ao redor dos meus dedos. Nascida com um pouco mais de dois quilos, ela se aconchegou no calor do meu braço, com as roupas de recém-nascido largas, enroladas em seu corpo pequeno. Sem chorar nem gritar, nem mesmo quando era criança, ela nos ensinou a ser pais melhores, e tinha uma paciência que parecia incomum para sua idade. Mesmo no meio da noite, eu acordava com os balbucios dela, não com os choros, e compreendia o que ela queria. E ali passávamos as primeiras horas da manhã, dormindo na cadeira ao lado de seu berço, esperando que o alarme do quarto ao lado tocasse para o início de um novo dia.

A vida tinha um novo sentido, e toda ação, um propósito. Comecei a ver o mundo com os olhos de um pai. Trabalhava para sustentar minha família, as notícias da noite se tornaram preocupantes e a educação uma prioridade. Ainda assim, todas as noites eram para Elena e para as preocupações do dia, e a paternidade teria de esperar. Desde a primeira semana de sua vida, até o sexto ano, sentávamo-noss na varanda ao final do dia. Enquanto ela era bebê, ficava deitada em meus braços, mas, conforme foi crescendo, sentava-se ao meu lado, com os dedos dos pés raspando na grama do chão. E em todos os aspectos ela era igual a mim, e uma heroína. Hoje não é diferente.

Em seis anos aprendemos muito sobre Elena. Antes ela era um bebê, agora é uma menininha, cheia de personalidade e charme. Mas, em vez de planejar seu futuro, nós agora nos vemos contando os dias. De certo modo, não consigo imaginar um diagnóstico pior nem um momento pior para perdê-la. Então, esperamos, rezamos e lembramos. É tudo o que podemos fazer enquanto contamos os dias e lhe dizemos que tudo vai ficar bem. Só espero que fique.

Dia 23 – 21 DE DEZEMBRO

Seis anos... e ainda os dias parecem passar com ainda mais rapidez agora. Hoje é o sexto aniversário de Elena, e ela começou o dia de cara feia e com raiva. Nem mesmo o motorista do ônibus conseguiu fazê-la sorrir ao entrar no veículo. Mas seu humor logo mudou quando saímos da sala de recuperação da radioterapia ao meio-dia e fomos almoçar na cafeteria. Ali, ela comeu o que chamou de "pequeno" café da manhã, com ovos e queijo, iogurte, uma tigela de aveia e leite. Pareceu maior para nós. Depois, menos de uma hora depois, ela queria saber o que teria no almoço.

De lá, voltamos para o hospital para uma consulta e entregamos os presentes para nossos anjos da ala de câncer cerebral. Elena distribuiu seus cartões feitos à mão, de sua pilha particular, e um pouco de "brilho" para as mulheres, em forma de broche de árvore de Natal que havia escolhido naquele fim de semana. Para os homens, pensou n'*O Quebra-Nozes*. Ela parece ter se interessado muito por este tema ultimamente. Dorme com o quebra-nozes na cabeceira da cama e insiste para que nós os coloquemos no mantel da lareira. Esta é sua decoração e sua marca para o Natal. Não tenho certeza acerca do simbolismo, mas é sua nova tradição de Natal.

Os funcionários da ala de câncer cerebral planejaram uma festa; a enfermeira de Elena organizou um comitê de aniversário em sua homenagem. E com os confetes que haviam feito de modo tão esforçado, usando o furador de papel em todas as folhas coloridas que tinham no escritório, eles cantaram "Parabéns a você" e nos alegraram com um monte de balões grandes o suficiente para começar uma viagem ao redor do mundo. Ao passarmos de uma consulta a outra, fomos espalhando alegria, levando os confetes de clínica em clínica enquanto eles caíam em nossas roupas e cabelos e também na cadeira de rodas. Não tenho dúvida de que o faxineiro vai saber, com facilidade, por onde passamos o dia todo. E com balões amarrados em todos os cantos da cadeira de rodas completamos o dia e voltamos para o quarto – mas não sem antes dar encontrões com paredes, cantos e pessoas que não conseguíamos ver através da parede de balões.

Esta noite Elena adormeceu sorrindo. Sua voz melhorou, ela agora consegue comer um pouco de comida de verdade e seu braço direito está começando a funcionar de novo enquanto caminha pela sala sozinha. Tudo está bem, e melhorando – graças a Deus. Feliz aniversário, Elena!

Dia 24 – 22 DE DEZEMBRO

O tempo é precioso. Aprendi isso ficando longe de Elena nos últimos três dias. E quando voltei a Memphis na quarta-feira à noite suspirei aliviada. Assim como Keith percebera na semana passada, quando voltei a Cincinnati para trabalhar, passei todos os minutos pensando em Elena e desejando voltar para Memphis. Cada minuto. Quando voltei para Cincinnati, não consegui dormir. Não porque não estivesse cansada ou ocupada demais, mas, sim, porque dormir agora parece perda de tempo. É impressionante como uma experiência como essa muda nossa filosofia de vida. E apesar de nunca termos dormido até tarde – seis da manhã era "tarde" para nós, mesmo aos finais de semana –, cada minuto que você passa longe de sua filha que tem uma doença grave é um minuto que você perde. Então, o que fazer? Limpar a casa, organizar a sala, montar as decorações de Natal e escrever em um diário até as duas da manhã. E a coisa mais surpreendente é que não ficamos cansados – esta é a nova rotina.

A mesma coisa pode ser dita no caso das festas de fim de ano. Enquanto esperávamos pelo ônibus hoje, Keith e eu ficamos pensando no que estaríamos fazendo se Elena não estivesse com câncer. Provavelmente estaríamos correndo pela cidade para comprar os presentes de última hora, xingando baixinho enquanto esperávamos na fila, no trânsito, e trabalhando até sete da noite. Reclamaríamos por não ter tempo nem dinheiro, nem as decorações perfeitas. Tem muito mais a ser pensado agora, mas muito menos com o que se preocupar. Vemos nossas fotos do Dia das Bruxas e pensamos sobre como éramos ingênuos e supérfluos, mas não sabíamos disso na época. É engraçado como nunca sabemos o quanto podemos suportar até que as coisas ficam piores. E quando você se acostuma a isso, acontece de novo. Mas, de algum modo, mesmo com essa experiência você encontra uma maneira de lidar, porque é assim que você enfrenta. Não porque merece ou porque precisa da experiência para estabelecer prioridades, mas porque é algo humano, algo da vida. E com essa experiência crescemos, descobrimos o que as festas representam e aprendemos a esperar mais uns dos outros. Juntos, usaremos essa batalha para sermos mais fortes como família e a ajudar uns aos outros quando fraquejarmos. É isso o que uma família faz e como enfrentamos as coisas.

Dia 25 – 23 DE DEZEMBRO

Hoje foi um dia de esperança. Também foi o dia da festa de aniversário de Elena – dois dias atrasada. Originalmente, planejávamos fazer sua festa no salão do ginásio da cidade, como toda família de bairro, mas diante da sua condição e seus desejos, optamos pelo salão de festas da rua para permitir que seus amigos também participassem. Acredito que ela gostou mais disso. Então, vestindo seu segundo melhor vestido (pedimos desculpas a todos da festa, mas o melhor vestido é para o Natal), ela saiu com a mamãe para passar a manhã em um salão, onde fez as unhas e enrolou os cabelos.

E apesar de eu não saber se alguém já foi ao salão de beleza e vestiu as melhores roupas para ir a um salão de festas, foi isso o que deixou Elena feliz, e é isso o que importa.

Na chegada, Elena deixou de lado a cadeira de rodas, pois decidiu que hoje era o dia de testar sua muleta. Afinal de contas, para que servem roupas bonitas se você tem de ficar sentado o tempo todo? Mas quando ela não quis segurar nossas mãos para se equilibrar, finalmente entendemos seus motivos e decidimos ficar apenas nas laterais, de ambos os lados, para o caso de ela cair. Ela não caiu.

De algum modo, as pessoas no restaurante tiveram a impressão de que estávamos em um grupo de cinquenta pessoas, ou menos, mas dentro de meia hora enchemos o salão de festa e começamos a dominar o restante do restaurante também. E, ao final da festa, perto de cinquenta pessoas tinham ido visitar Elena em sua primeira ida para casa. Familiares, amigos, professores, colegas de trabalho (ela vai ao trabalho com a mamãe e comigo de manhã, e eles a consideram a "verdadeira" chefe), mais familiares, e até pessoas que nunca tínhamos visto antes se uniram a nós na comemoração do aniversário de Elena. Até mesmo seus amiguinhos do jardim de infância vieram. Na última semana, ela tinha me contado sobre todos eles enquanto planejava sua visita. Agora, eu via a alegria no seu rosto enquanto abraçava a todos, e desejei que ela também pudesse brincar no parquinho da escola todas as manhãs, congelando enquanto esperasse pelo sinal, o que imagino eles devem estar fazendo nessa época do ano. Foi mesmo um dia para ficar na lembrança, apesar de não ter havido nada além de cachorros-quentes e queijos.

Hoja à noite Brooke chorou. Mas, diferente de antes, não foi por ansiedade nem dor, mas porque viu quantas pessoas se importam realmente. Foram lágrimas das quais precisamos mais a cada dia para garantir que Elena vença sua luta.

Dia 26 – 24 DE DEZEMBRO

Ao cuidar de Elena, ficamos concentrados no presente. Qual é a dose certa de esteroides? Quais são os efeitos colaterais da quimioterapia? Ela pode usar a muleta em vez da cadeira de rodas? E cada um desses esforços se concentra em sua determinação para derrotar essa doença um passo de cada vez. A princípio, você se ressente da monotonia do problema, querendo uma solução rápida. Então, conforme percebe a gravidade do câncer, logo começa a ver melhoras diárias que nos forçam a acreditar que Elena vencerá. Às vezes essas melhoras não acontecem e às vezes você vê regressão, mas a longo prazo você vê sua filha mudar e se desenvolver. Um passo por vez, a depressão desaparecerá. Mas o isolamento e o medo, no entanto, estão sempre presentes.

Em Cincinnati, você é forçado diariamente a aceitar o futuro. Essa é, provavelmente, a parte mais dolorosa disso tudo. Você passa pela escola todas as manhãs e se pergunta se vai ajudar a preparar os enfeitos do Dia das Bruxas com Elena na primeira série, se Gracie e ela vão gostar de dividir o mesmo banheiro quando forem adolescentes, e como você vai ensiná-las a dirigir pela primeira vez. Dentro desses pensamentos estão as perguntas do desconhecido que torna difícil a continuidade das atividades diárias. Com o tempo, isso também vai passar conforme ela melhorar e nós aprendermos a viver em Cincinatti dia a dia, como fizemos em Memphis. Talvez isso aconteça até fevereiro, quando ela retorna para Cincinnati e nós poderemos começar a viver de novo... mas não da mesma maneira. Durante o próximo mês, esta será nossa vida. Um dia por vez.

Dia 27 – 25 DE DEZEMBRO

Nosso presente de Natal deste ano foi Elena. Às 3h30 da manhã, ela nos acordou com o som de sua voz quando entrou no quarto para dizer que queria assistir desenhos. Sua voz estava clara, e não nasalada, como tinha estado desde o Dia de Ação de Graças. E apesar de estarmos com muito sono, Brooke e eu pulamos da cama extasiados. Por um instante, chegamos a pensar que talvez tudo não tivesse passado de um sonho ruim e que nossa filha estava bem, afinal. Depois, a realidade se mostrou quando ela disse que estava sentindo a voz melhor e que havia bebido um pouco de água, o que ajudava um pouco. Então, às 3h30 da madrugada conversamos. Sua voz durou por pouco tempo, mas ignoramos nossos olhos avermelhados e mantivemos a conversa – não importava que aquela fosse a primeira noite em que havíamos conseguido dormir mais do que quatro horas consecutivamente. Que doce som!

O Natal também trouxe muitos mais presentes, com Elena caminhando sem parar, comendo nozes, frutas e pizza, e a primeira vez em que se uniu a Gracie para uma sessão de cócegas no chão da sala de estar. Mas, acima de tudo, algo de que mais me lembrarei deste Natal foi tê-la feito sorrir.

A princípio, não foi fácil. Quando saímos da igreja e fomos comemorar o Natal na casa de minha tia, ela se recusou a participar e ficou sentada de mau humor com a cabeça nas mãos. Nenhum brinquedo ou pessoa, nem qualquer visita do Papai-Noel, conseguiu mudar seu humor. E apesar de uma visita feita por Sally (o chiuaua de 17 centímetros de minha tia, com pelos desgrenhados e olhos pidões) ter causado um sorriso, este rapidamente desapareceu quando as constantes dores de estômago causadas pela fome surgiram pela quarta vez em menos de uma hora. O poder dos alimentos, e dos esteroides!

Não, acima de tudo, foram as coisas que ela se recusou a fazer que lhe deram mais alegria. Veja, Elena nunca faz nada por vontade própria. Se lhe pedimos que vá esquiar na água, ela se recusa e diz "Talvez amanhã". Se pedimos que leia um livro, ela responde: "Não posso agora"; que tente andar de bicicleta sem as rodinhas de apoio, ela afirma ser "Muito nova". É aqui que Gracie entra. Gracie faz qualquer coisa, a qualquer momento, independe de saber fazer ou de se machucar. "Agir primeiro, pensar depois" é o lema de Gracie. E o outro é "Estou bem", quando se levanta do chão depois de cair. E apesar de já sofrer pensando em sua adolescência, adoro seu jeito de ser. Quando Elena diz: "Talvez amanhã", simplesmente olho para Gracie, que sempre aceita. Não se passa um segundo até Elena mudar de ideia e se tornar competitiva. Logo, ela está em cima do jet ski, andando de bicicleta e dizendo todas as palavras. Mas, é claro, Gracie não consegue andar de bicicleta (o equilíbrio não é seu forte), e ainda não sabe ler (apesar de estar chegando perto). Mas quando seguro a parte de trás da bicicleta para passar a impressão de que ela está andando sozinha, e quando ajo como se Gracie estivesse sussurrando as palavras em meu ouvido, Elena imediatamente tenta fazer melhor. Às vezes, acredito que Elena ensina Gracie a ter cuidado, enquanto Gracie ensina Elena a ter coragem. É uma ótima combinação. Dessa vez, foi dirigir. Sim, dirigir. Tínhamos cerca de trinta minutos antes da igreja, e pensei que seria uma boa ideia ensinar Elena a dirigir. Afinal, só tenho mais dez anos para lhe ensinar isso, de modo que é melhor começar já. A mamãe, por outro lado, não concorda. "Você é estúpido ou o quê?", ela perguntou. Eu também sei ser competitivo, por isso levei adiante minha aventura. Depois de convidar Elena e receber uma recusa, voltei-me a Gracie. Só precisei olhar para ela e ela pulou em meu colo, pronta para partir. E pelos dez minutos seguintes, a Capitã Ziguezague esteve no comando, enquanto dirigíamos de um lado do estacionamento a outro, e por fim quase batemos em um ou dois pilares. Ela adorou aquilo e usou meus óculos de sol para conseguir o efeito todo.

Elena quis ser a próxima. E recebeu o apelido de Rainha da Grama ao sairmos pela área, passando em cima de uma calçada ou outra. Ela adorou. E pelos quinze minutos seguintes, gritou, riu e gargalhou. Acredito que teremos de fazer isso de novo. Talvez amanhã.

Para a maioria das crianças, os presentes no Natal teriam sido as coisas mais importantes do feriado. Para Elena, este Natal foi diferente. E enquanto ela abria os presentes, a maioria ficou de lado, na beira da árvore, enquanto abria o seguinte. Mas ficou mais contente em dar meu presente do que com qualquer um que ela recebeu. Parece que ela e a mãe foram fazer compras juntas e decidiram que eu precisava de um kit de esculturas de animais com balões. Então, por duas horas o Natal parou enquanto Elena e eu ficamos sentados juntos e rindo. Não sou especialista, mas consigo fazer alguns animais. Posso fazer cobras, girafas com pernas curtas, cães com pescoços compridos, cavalos com pescoços compridos e pernas curtas, e até borboletas sem asas que parecem cães de pescoço longo. Nada mau, é o que digo a mim mesmo. E sempre consigo manter dois balões sem estourar, a cada três. Isso é habilidade. Elena acha que eu deveria fazer esculturas com balões para os médicos do hospital amanhã. Prometo fazer isso, desde que ela prometa fazer a radiação sem a sedação. O que ela ainda não sabe é que farei o que me pede apenas em troca de um sorriso. Que belo acordo.

Dia 28 – 26 DE DEZEMBRO

Ela com certeza não queria voltar para o hospital. Nem eu, depois de dirigir noite adentro para voltar a Memphis. Simplesmente tirá-la da cama às cinco da manhã foi impossível, ao se agarrar ao travesseiro, tentando dormir tudo o que conseguisse. E aquela era a mesma menina que se aproximava de nossa cama todas as madrugadas às três horas nos finais de semama. A mesma ingestão de remédios que não levava mais do que dez minutos no fim de semana agora demorava trinta, pois ela começara a recusar a gelatina dentro da qual ficava o comprimido, e a cuspia em vez de engolir.

A radiação aconteceu mais tarde naquele mesmo dia. Também foi difícil, enquanto eu tentava dar prosseguimento ao trabalho que Brooke havia começado na semana anterior, fazendo com que ela ficasse parada durante os tratamentos de radiação enquanto se mantinha acordada. Até agora. Elena precisa de sedação para se manter parada durante a radiação. E isso significa que precisa tomar o "remédio branco" que não apenas seda, como também a deixa nauseada. Nossa primeira experiência com essa náusea ocorreu alguns minutos depois de um filme IMAX no museu de história natural da cidade, para onde levei Elena tentando mudar um pouco seu humor. Ela começou a reclamar de dores estomacais e, sem um banheiro por perto, acabei usando a única coisa que tinha – minhas mãos. Por fim, o vômito espirrou na minha camisa, na dela e na calça que vestia, até finalmente encontrarmos o banheiro e tentarmos nos limpar.

E ali, no banheiro masculino, enquanto Elena estava apenas de calcinha e eu tentava vestir nela a única troca de roupas que tinha (encontrei uma bolsa da época de bebê de Gracie, dentro do carro, com roupas de verão de uma criança de dois anos), ela fez a pergunta: "Por que isso tem que acontecer comigo?".

Sem pensar muito na pergunta, respondi-lhe que acontece com muitas crianças no cinema e que também pode acontecer com a maioria das crianças que estejam fazendo radiação. Insatisfeita com a resposta, ela tocou minha cabeça e perguntou de novo: "Não, papai, por que tenho um caroço na cabeça e ninguém mais dos meus amigos tem?".

Eu vinha fazendo a mesma pergunta havia um mês. E, de alguma forma, a resposta nunca soa bem, já que não deveria acontecer com nenhuma criança, para começo de conversa. Simplesmente responder que se trata de "improbabilidade" seria dizer que você não se importaria se acontecesse com o filho de outra pessoa. Dizer que é uma "mensagem de Deus" é criar uma dúvida de fé se você for a pessoa que perder o filho por causa da "mensagem". No fim, não acho que é possível ter uma resposta, porque não existe uma certa. Acontece, e você aprende a lidar com isso, a lutar ou a aceitar – e cada pessoa tem uma reação.

Gostaria de poder dizer que dei uma resposta bonitinha que fez tudo ter sentido. E para este diário, gostaria de pelo menos encontrar algum sentido, mas não tenho. A verdade é que olhei para minha filha, dei de ombros e disse: "Vai ficar tudo bem", e a abracei. E foi isso. Um dia, espero responder a esta pergunta e, fazendo isso, melhorar sua vida, a minha e a de milhares de outras pessoas, mas por enquanto sou forçado a ser humilde e lhe dar a segurança que tanto precisa. Esta é a missão de um pai: dar segurança e proteger.

Dia 29 – 27 DE DEZEMBRO

Elena consegue enrolar a língua! Sei que não parece nada difícil para a maioria das pessoas, mas para mim isso é tudo. Veja, uma das primeiras coisas que ela perdeu quando o tumor chegou foi a capacidade de enrolar a língua. Depois, perdeu a voz, a mão direita, a perna direita, sua visão periférica e sua capacidade de engolir. Por isso, ter a língua de volta é muito importante. Claro, a perna continua ainda um pouco lenta, mas o que isso representa para mim é que estamos recuperando tudo, e que Elena está melhorando. Espero que tudo continue assim. Sei que todos os dias a partir de agora começarão comigo pedindo para que ela enrole a língua assim que sair da cama. Quem precisa de equipamento de ressonância magnética e raios X quando só é preciso um enrolar de língua?

Dia 31 – 29 DE DEZEMBRO

Ao meu redor vejo exemplos de determinação, amor e compromisso com a vida. São as crianças de doze anos ou mais, aquelas que já estiveram aqui antes. Elas já passaram por recidivas, possivelmente duas vezes, três ou quatro, até. E a sabedoria e vontade delas é o que nos leva adiante todos os dias.

Hoje, sentei-me no ônibus com Elena enquanto voltávamos para casa. Em um assento próximo de nós estava um pai e sua filha. Eles também são heróis. Ele se sentou no lado do corredor e ela do lado da janela – assim como Elena e eu, atrás deles. Ela tinha cerca de cinco anos a mais que Elena e já havia estado ali. Seu pai se sentou perto, procurando conversar para distrai-la dos enjoos que, sem dúvida, sentia. Durante o trajeto de cinco minutos, quase nada foi dito entre eles, mas eu sabia que não precisavam conversar para se comunicar. Quando chegamos, ele ficou em pé e a ajudou a se levantar, e ela deu passos determinados para sair do ônibus sozinha. Eu olhei para Elena e a vi em cinco anos. Tentei pensar se nós também voltaríamos, ou se passaríamos por um milagre e nunca mais retornaríamos? Ela também seria uma heroína? E apesar de nunca desejar ver Elena passar por uma recidiva, percebo que, no seu caso, o milagre pode ser viver cinco anos.

Elena está bem hoje, e espero que continue melhorando nos próximos meses. É claro que teremos complicações e efeitos colaterais, mas, apesar de sua luta, torço para que tenhamos êxito. Sei que ela será uma heroína. Ela já é.

Dia 32 – 30 DE DEZEMBRO

Olhei pela janela e tive pensamentos que não deveria ter tido. Penso em minha filha deitada no passado e comparo com o que vejo agora. Fora do hospital, vejo tráfico de drogas, prostituição e oportunidades desperdiçadas. Dentro de nosso quarto, vejo uma menininha lutando pela vida. Do lado de fora, todos têm todo o tempo do mundo, enquanto do lado de dentro, a vida de Elena pode ser reduzida a dias e horas. Não é justo. Acredito que não deveria esperar que fosse.

Isso acontece vinte e quatro horas por dia. Nas ruas ao redor do hospital, as comparações são óbvias. Estou frustrado e irritado. Mas não faz sentido. A vida dela não é mais preciosa? Como eu disse, essas são as perguntas que eu nunca deveria fazer.

Todos perdemos tempo e vida enquanto deveríamos procurar fazer mais. O que não daríamos por apenas mais um dia quando o fim chega? A perda de um filho representa todas as lições que deveríamos aprender e todos os momentos que deveríamos valorizar. Mas, em vez disso, seguimos os tolos, ignoramos o relógio e nos fazemos de vítimas quando as consequências chegam. Mas essas crianças não têm esse aviso. Elena nunca foi tola, nunca ignorou o tempo, e está batalhando por sua vida. Ela se torna uma lição para todos nós. Meu preço pode ser minha filha.

Nunca entenderei, e é aí que está a ironia. A maior lição aqui é aquela com a qual nunca vou concordar nem da qual esperarei ter inspiração. Não luto para ajudar outras crianças por causa da lição de Elena; luto para ajudar outras crianças porque eu não quero que as lições continuem. Amo minha filha, e nenhuma lição vale sua vida. Continuarei, mesmo que ela perca sua batalha.

Sempre lembrarei daquelas noites no hospital enquanto ela dormia tranquilamente e eu ficava sentado ao seu lado, olhando para a escuridão do lado de fora. Não faz sentido nenhum... mas, repito, não tem que fazer mesmo.

Dia 34 – 1º DE JANEIRO

Esta manhã começou com atividades. Todos dormiram até mais tarde, depois as meninas vieram para nosso quarto e todos dormimos um pouco mais. Lembro-me de, apenas seis meses atrás, reclamar com as meninas quando nos acordavam cedo aos finais de semana e rapidamente e lhes pedia que subissem para assistir desenhos enquanto dormíamos alguns minutos mais. Agora, não nos importamos em ser acordados e de ficarmos aconchegados com elas um pouco mais.

Dia 36 – 3 DE JANEIRO

Hoje fui abordada duas vezes por mães comentando que Elena se recuperou muito bem. Estou arrasada. Por um lado, sorrio e penso que é mesmo um grande milagre o fato de essas mudanças terem ocorrido em duas semanas. Por outro, detesto ficar à vontade demais com a recuperação. Sempre me esqueço de que isso pode ser temporário. Eu me pego voltando aos velhos hábitos de começar a trabalhar quando chegamos em casa, em vez de brincar com ela, de ler o jornal em vez de conversar um pouco mais com ela, de pensar em tudo que deixei sem fazer em casa em vez de pensar nas coisas que não fiz com Elena.

Quem me conhece bem sabe que não gosto de surpresas. Sou o tipo de pessoa que lê o último capítulo de um livro antes de terminar a leitura. Preciso saber o que me espera para poder planejar todos os passos para chegar lá. Sinto-me em um tipo esquisito de depressão. Sei o que o futuro nos reserva (ou o que é mais provável), mas fico paralisada. Sento-me diante dessa menininha todos os dias, contando piadas e aprendendo subtração, e tenho um pensamento terrível. Esses tratamentos têm feito ótimas coisas e resolvido todos os problemas que esse tumor causou, mas isso a tornou normal demais? Olho para Elena e tenho dificuldade em imaginar que podemos passar por uma recidiva. A maioria das pessoas diz que o pensamento positivo é a melhor alternativa. Tenho medo de que nos sintamos à vontade demais e que esse tumor estúpido nos vença. Então, o que fazer? Viver pensando que ele pode crescer de novo e tentar viver uma vida inteira em um ano? Ou viver com uma visão positiva e manter o status quo*?*

Tirando suas bochechas e o apetite que não param de crescer, Elena voltou ao normal. Deve ser muito estranho para ela se sentir normal, e mesmo assim continuar presa em um hospital. Na verdade, ir para casa durante as festas de fim de ano a ajudou muito. Agora ela pode se imaginar melhorando, indo para a escola, brincando com a irmã e, mais importante, sendo a menina "líder" do jardim de infância.

Dia 42 – 9 DE JANEIRO

Hoje, Elena quer escrever no diário. Vamos lá – ajudarei a soletrar:

Oi, pessoal!

Mal posso esperar para ir para casa.

Meu animal favorito é o beija-flor, mas não tenho um alimentador para ele, ainda.

Gosto de usar saia e faixas brilhantes na cabeça.

Gosto de ler meu livro de animais para ver todos os animais dentro dele.

Gosto de assistir desenhos quando volto do hospital. O meu favorito é Go, Diego, GO!, porque tem a ver com resgate e Diego gosta de animais, como eu.

O que mais gosto de fazer com Gracie é brincar fora de casa.

Minha cor favorita é rosa.

O que mais gosto da escola é de comer o lanche e ser "líder".

Minha estação do ano favorita é o verão, porque dá para ir à praia.

Futebol é o meu esporte preferido.

A primeira coisa que quero fazer quando chegar em casa é ir à praia.

A coisa que eu mais gostaria de fazer é nadar com os peixes.

A coisa que menos gosto no hospital é do soro em meu braço.

Adorei quando todos cantaram para mim no dia do meu aniversário.

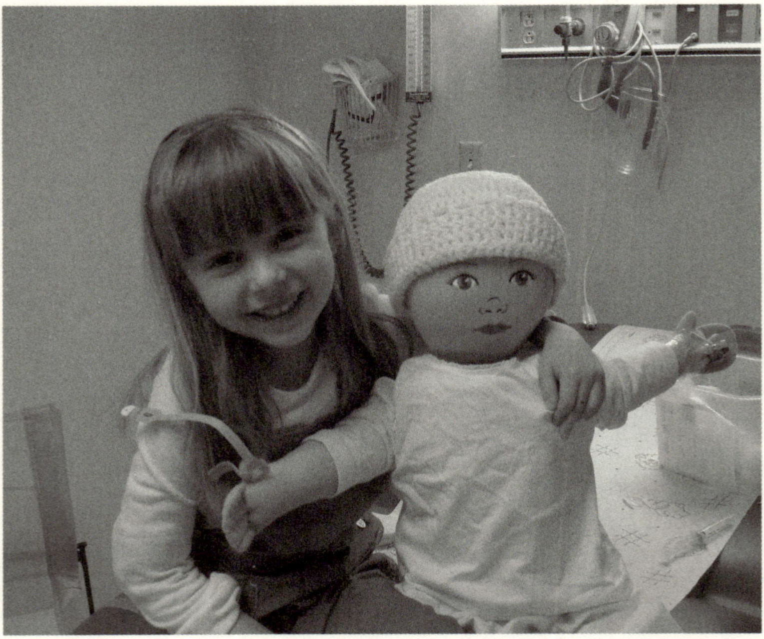

Dia 45 – 12 DE JANEIRO

"Você não me conhece, mas..." É assim que começa a maioria dos cartões enviados a Elena. E o que começou como um diário sem pretensões para Gracie, a respeito de Elena, se transformou em algo muito maior. Nosso diário começou com recapitulações de como ficamos sabendo da doença, mas agora se tornou o que nos dá força na sua recuperação. Todos os dias chegam mais cartões, mais cartas e mais e-mails do que conseguimos ler para ela. Todos os dias, levamos os cartões para a sala de espera do hospital e passamos o tempo lendo para ela as mensagens de amigos e familiares. Isso faz com que ela sorria e que nos sintamos encorajados. E agora, pela primeira vez, consigo ver o lado positivo, mais uma vez graças aos amigos de Elena.

Os cartões vêm de todas as partes: Ohio, Kentucky, Indiana, Iowa, Pensilvânia, Flórida, Tennessee, Geórgia, Alabama, Nova York, Califórnia, Washington, Maryland, Virgínia, Michigan, Texas, Illinois, Arizona, Arkansas, e muito outros Estados dos quais não me lembro no momento. Cada um deles traz votos de melhoras, cumprimentos pelo aniversário e votos de diversão para as férias. Alguns têm fotos, outros desenhos de crianças, e outros, pequenos presentes, mas todos trazem sorrisos.

Os cartões agora cobrem a porta, tapam os quadros de mensagens e ficam pendurados no teto do quarto de Elena. Cada um deles traz uma mensagem – uma mensagem de esperança. Esperança pela sua saúde, esperança por sua felicidade, esperança por seu futuro. Para nós, eles nos ajudam a atravessar os dias.

Dia 47 – 14 DE JANEIRO

Dá para saber quando estamos passando por um milagre? Acredito que eu esperava mais: talvez um raio de luz, um raio ou a visita de um anjo. Mas talvez, quem sabe, o anjo esteja bem ao meu lado.

É verdade que Elena foi muito longe com muita rapidez. É claro, ela também perdeu muito de modo muito rápido. Mas agora está de volta: com sorrisos e tudo. E conforme eu a observo correr de um balanço a outro com sua meia-calça colorida, verdadeiramente começo a valorizar o que já tivemos – tudo de novo.

Hoje foi um dia para relaxar. Mamãe e Gracie saíram, e depois de um piquenique no parque, a vovó e o vovô também se foram. Voltamos para a casa da Tia Jackie para descansar e passar mais algumas horas dirigindo pelo mesmo trajeto do quintal com o minijipe (Nossa! Ela adora aquilo.) Mas depois que a quarta bateria durou apenas 20 minutos, Elena percebeu que estava na hora de aquietar-se com os primos.

Apesar de a programação ter sido tranquila, as lembranças foram fortes. E de algum modo, de algum jeito, se eu tentar, com vontade, o dia não vai terminar. Como saber se um milagre está acontecendo? Não dá para saber, mas, como pai, adoraria a experiência de saber que vou ver minha filha formada, casada e com filhos. Mas, por enquanto, nos concentramos nos muitos milagres que ocorrem todos os dias; 60 milagres em um minuto, 3.600 em uma hora, 86.400 em um dia: um milagre por segundo.

Dia 48 – 15 DE JANEIRO

"Finalmente livre... finalmente livre!" Acredito que Elena escutou a CNN demais no dia de Martin Luther King. Apesar de ser bastante apropriado, levando em conta sua melhora, nunca pensei que a escutaria dizendo isso ao correr pelo quintal de Jackie, em círculos, no minijipe.

Finalmente livre, com certeza. Com apenas mais dez dias antes de sairmos do hospital e voltarmos para casa, Elena se tornou a porta-voz do local. Ela conhece a rotina, seus colegas pacientes e os funcionários. Ao voltar para casa, disse-me que íamos jantar (a pizza de queijo do congelador foi o que ela escolheu), depois checaríamos as correspondências e finalmente iríamos para o quarto com um potinho de sorvete e um desenho dos *Muppets*. E apesar de ela não ter alcançado o balcão quando pediu pelas correspondências, e de não ter conseguido acertar o código de segurança quando estávamos na porta de entrada, ficou claro que ela estava no comando. Ela escolheu a refeição, ajudou a prepará-la e arrumou a mesa. Acredito que pensa que estou muito ocupado, ou ela está com pressa. Talvez um pouco dos dois. Por fim, depois do jantar, quando estávamos indo para o quarto, me informou que o sorvete era dela, e que, se eu quisesse, poderia voltar até a cozinha para pegar as bolachas recheadas da despensa. Afinal, ela disse que a mamãe fazia isso todas as noites. Aha!! E ela me dizendo que Elena tinha se comportado bem... agora sei como a mamãe passou as duas semanas ali.

Elena tem melhorado muito nas últimas semanas, mas seu andar e seu equilíbrio ainda não voltaram. Lembrei-me disso quando nos aproximamos da escada para nosso quarto, no segundo andar. Puxando minha roupa, ela mais uma vez precisou da minha ajuda para subir as escadas. Acredito que poderíamos ter ido de elevador, mas sem os degraus eu não teria a oportunidade de carregá-la e ganhar beijos. A cada três degraus, preciso de um beijo de Elena para continuar. Os beijos são o combustível do papai. E, pelas minhas contas, com 24 degraus até lá em cima, consigo pelo menos oito beijos. É claro que costumo fingir subir um degrau a mais para ganhar nove beijos. Acredito que ela sabe, mas me beija mesmo assim. Do modo como Elena está ficando independente, devo usar todas as oportunidades que puder. Quem precisa de bolachas recheadas quando ganha isso?

Dia 49 – 16 DE JANEIRO

Lembro-me de quando Elena tinha medo da escola. Primeiro, era do maternal. Depois, ficou com medo do primeiro dia do jardim de infância. Ela enrolava os bracinhos nas pernas da mamãe e chorava, como sempre. Chorava ainda mais no segundo dia. Acredito que quando sabemos o que esperar, podemos ficar com mais medo ainda. Entre o terceiro e o sétimo dias, as lágrimas vinham em menor quantidade, com cumprimentos fugidios a professoras e amiguinhos, segurando a mão da mãe até todos entrarem na escola. A partir do oitavo dia, tudo ficava melhor. Ela ainda segurava nossas mãos até o último momento possível, e ainda precisava de pelo menos cinco beijos e abraços antes de conseguir sair do nosso lado, mas, relembrando agora, gostaria que tivesse demorado pelo menos seis ou mais.

Sim, éramos os pais "retardatários"; aqueles que ainda levavam os filhos até a porta, enquanto todos os outros procuravam a proteção de seus carros quentes quando as temperaturas baixas chegavam perto de congelar. Claro, havia uns ou outros a mais depois de finais de semana e faltas, mas nós éramos os "assíduos" do grupo. Até hoje não sei se ela precisava do apoio ou se nós não conseguíamos deixá-la, mas não importa mais. A partir de agora, estarei lá todas as manhãs, até a faculdade, talvez até mais. Claro que é um pouco exagerado, mas pense em como ela vai ficar feliz quando estiver no ensino médio e eu for andando um metro e meio atrás dela. Ela pode olhar para trás, apresentar-me a seus amigos e agradecer por eu a acompanhar. Certo... talvez não.

O mais diferente no caso de Elena não era como ela entrava na escola, mas, sim, como saía. Enquanto a maioria das crianças saíam gritando pela porta, aliviadas por estarem livres, Elena dizia que sentia falta da escola desde o momento em que saía pela porta. E me contava seus planos para o dia seguinte. Mesmo aos finais de semana, ela brincava de professora, com marcador e quadro. Este era o papel para o qual Elena tinha nascido. Coitadinha da Gracie, pois não fez nada além de ser aluna nos últimos quatro anos.

Quando Elena veio para o hospital e foi submetida ao que pareciam ser exames e remédios sem fim, deu para entender sua tristeza. Todos estavam tratando o corpo, mas ninguém tratava a mente. Nada de criatividade, nada de aprendizado, nada de progresso. Enquanto seu corpo se recuperava, sua mente estava em um ponto de atrofia. Foram oferecidas sessões com psicólogo, noites de filmes e até presentes, mas nada disso adiantou. Assim, quando ficamos sabendo do centro educacional no hospital, logo soubemos o que fazer.

Descobri que as crianças não são tão complexas. Acreditamos que elas precisam de compreensão e conforto, quando, na verdade, precisam mesmo é de desafio, e um pouco de verdade. Um mês atrás, Elena queria os dois. Ela sabia que tinha algo muito ruim, ou por que receberia tanta atenção? Então, depois de dois meses escondendo nossas reuniões a portas fechadas com os médicos, ela nos fez conversar sobre tudo na sua frente. E, de certo modo, isso nos forçou a pensar no lado positivo e também no negativo da doença. Quanto ao desafio, ela só precisava ter a chance de aprender, e estava determinada a partir daí. A escola foi essa resposta, e hoje descobrimos que o hospital oferece aulas no piso inferior.

Assim, sua confiança está melhor do que nunca. Ela está feliz consigo mesma e provavelmente mais confiante agora do que em casa. E apesar de segurar em minhas pernas a cada consulta médica, nunca se esquece da hora da escola. É a primeira pergunta que me faz quando pego o horário do dia seguinte, e fico surpreso com a noção que ela tem do tempo quando me lembra a respeito de seu "compromisso com a escola" poucos minutos antes de seu início. Então, sem pedir, ela parte em direção ao elevador, a caminho da sala. Com sua mochila de rodinhas, passa por enfermeiras e pacientes, e eu vou atrás. Não posso me distrair – sei que ela não vai esperar.

A escola é um propósito e uma rotina. É o que ela adora em relação à vida e do que precisa agora para ser criança de novo. Não tem mais a ver apenas com educação agora.

Dia 50 – 17 DE JANEIRO

Parabéns! Você tem câncer.

Eu olho ao redor no hospital e vejo sinais de amigos e familiares tentando lidar com as notícias. A criança que era saudável ontem está em estado terminal hoje. E fazemos o melhor que podemos para ajudar.

Infelizmente existem poucas opções, e muito pouco que podemos fazer, de fato. No caso de Elena, pode não haver nada. Então, lhe damos brinquedos, compramos roupas novas e a mimamos.

No hospital não é diferente. E em todas as salas os brinquedos ficam embrulhados no canto, esperando ser substituídos pelo próximo visitante com presentes. O armário de Elena está repleto com roupas novas, chapéus bacanas e a coleção mais gloriosa de meias-calças que sua avó consegue comprar. Mas a maioria das etiquetas fica intacta. Nunca haverá tempo suficiente para vestir tudo ou brincar com todos os brinquedos. Até mesmo Elena sabe disso, e parou de abrir os presentes. Não é que não valorize o gesto. Sorri e abraça as pessoas. Mas é que ela quer algo mais; quer ser normal. Quer ser saudável. Mas esse é um presente que não pode ser embrulhado.

Tentamos compreender da melhor maneira, mas não conseguimos, e nunca conseguiremos. Perguntam-lhe para onde gostaria de ir como uma "viagem dos desejos". Ela dá de ombros e não responde. Eu digo à voluntária que ela quer ser saudável. Elena escuta, esperando que haja uma chance. É a vez de a voluntária dar de ombros. Ela não tem uma resposta para isso. Assim, pegamos um folheto e voltamos para o quarto para descansar e nos preparar para o dia seguinte.

As curas não estão em prateleiras de brinquedos e não têm etiquetas. E apesar de termos todos os brinquedos que uma menininha poderia desejar, a fé vem em pequena quantidade. Por isso fazemos o que podemos e damos a nossos filhos tudo que eles queriam antes de conhecer a realidade do câncer. Nós os mimamos, os tratamos como príncipes e princesas, e compramos tudo que eles sempre quiseram. E, de certo modo, é como se fosse um prêmio por se ter câncer. De repente passamos a cuidar, de repente passamos a amar e a lhe comprar o mundo. Tudo que ela quer agora é ser normal.

Dia 51 – 18 DE JANEIRO

No hospital, começamos como desconhecidos, mas logo nos tornamos família. Com suas cozinhas em comum, salas de família e programas de apoio, você divide experiências, lembranças e preocupações com outras cinquenta famílias. Quando Elena e eu chegamos, éramos desconhecidos, e nos mudamos para a casa uma semana antes do restante das famílias no hospital. Enquanto estávamos nos acomodando, a maioria das pessoas estava indo embora. Mas então nossa geração começou a chegar e, um por um, começaram a entender seus papéis também.

Cinco semanas depois, tudo mudou. Com a maioria das famílias se aproximando do fim do período de seis semanas de radiação, elas começaram a se preparar para ir para casa. Vamos na próxima quinta-feira. Outras seis famílias começaram a arrumar as coisas e a se preparar para a escola. Mas conforme nos aproximamos do fim da radiação, nossas visões e rotinas fazem com que nos sintamos muito distantes uns dos outros.

Parece que em nosso grupo há dois tipos de famílias. Primeiro, aquelas que estão enfrentando meses, se não anos, de mais quimioterapia e cirurgias. Estas têm entre duas semanas a um mês de folga para ir para casa, mas depois retornarão para mais uma dose severa de quimioterapia e semanas no hospital. E apesar de terem o caminho mais complicado pela frente, seus prognósticos são relativamente positivos. E há aquelas que estão ali apenas pela radiação ou pelos tratamentos combinados de radiação e quimioterapia. Elas vão para casa para sempre, voltando apenas para consultas de *check-up* uma vez ao mês. Em alguns desses casos, o prognóstico continua sendo de quase 85% de sobrevivência. Invejo as duas. Nós também iremos para casa depois de nossas seis semanas e retornaremos apenas para consultas mensais. E apesar de eu estar adorando poder levar minha filha para casa, passaria semanas, meses e até anos se isso garantisse que o prognóstico de sobrevivência fosse melhor do que 10%. De certo modo, somos nossa própria categoria.

A felicidade agora substituiu o desespero. Os mesmos pais que assombravam os corredores às duas da madrugada, incapazes de dormir, tendo o descanso de que tanto precisam, agora competem para ver quem voltará primeiro para casa. O jantar é repleto de conversas sobre a escola, basquete, trabalho e viagem. Já são coisas do passado as intermináveis pesquisas sobre câncer na Internet, as xícaras infindáveis de café e as calças de pijama. Mas, apesar disso, não me sinto nada diferente. Hoje continua sendo hoje, e amanhã está longe demais. A esperança é a eterna promessa.

Dia 52 – 19 DE JANEIRO

A terapia da mente é tão importante quanto a do corpo. Hoje nós nos concentramos na mente, e o hospital não é o lugar onde podemos cuidar dela. Então, depois da sessão de radioterapia, partimos para mais uma viagem de carro – dessa vez para o maior complexo coberto que conseguimos encontrar: o Opryland Hotel. Veja, eu estava cansado de museus, shopping centers e dos corredores, e, para dizer a verdade, precisava de um pouco de terapia da mente também. Se ninguém percebeu pelos textos do diário, digo que meus pensamentos não estavam muito otimistas ultimamente.

É claro que o Opryland Hotel não é o paraíso para uma criança pequena. Lá não encontramos atrações animadas, personagens de desenhos nem escorregadores na água, mas foi perfeito para Elena. Para começo de história, ela nunca foi muito criança. Se pudesse escolher entre uma montanhas-russa e uma biblioteca, ela escolheria esta última. Para ela (e para nós), o Opryland foi o paraíso. No momento em que ela entrou no quarto, correu para a varanda, abriu as portas e disse: "Papai, venha ver a floresta!". Depois, quis telefonar para a vovó, a mamãe e Allyson apenas para lhes contar sobre a vista. E não parou aí: ela também contou a todos que aquele era "o lugar mais bacana que ela já tinha visto".

Durante as duas horas seguintes, só ficamos sentados na varanda, bebemos nossa exótica água da torneira do banheiro e fizemos brindes à paisagem (agradeço à minha família pelo gene do "brindar"). Então, depois de descobrirmos que a mamãe tinha pegado uma estrada errada em Louisville e só chegaria depois de duas horas, decidimos passear enquanto Elena aguentasse. Uma hora e meia depois e depois de quase dez quilômetros, desisti. Parece que ela tem praticado mais em suas sessões de terapia do que eu, indo e voltando do quarto para a cozinha. O passeio terminou com uma corrida pelas "trilhas da floresta" do hotel, onde Elena me deixou comendo poeira. E pela primeira vez ela correu e se sentiu confiante o bastante para não apenas caminhar com rapidez. O equilíbrio sempre foi nosso problema, e parece que estamos começando a vencê-lo. Outro motivo para celebrar.

Ao saber da situação de Elena, os funcionários do Opryland Hotel decidiram participar de nossa comemoração também. Basta dizer que ela é uma princesa e que ficamos encantados. Que maneira boa de terminar o dia e de comemorar a volta de Elena à infância. Viva!

Dia 53 – 20 DE JANEIRO

A princesa, mais uma vez, recebeu o tratamento real no Opryland Hotel. Parece que os funcionários da limpeza a adotaram, trazendo presentes, café da manhã na cama e novos roupões do Opryland. Isso foi ótimo, principalmente porque Elena e Gracie não cabem mais em seus pijamas. Não há nada como tomar café da manhã na varanda com suas barrigas de fora e as calças na altura dos joelhos. Os roupões, pelo menos, fizeram que elas parecessem mais adequadas aqui. E eles tinham pijamas. Com pressa de partir, Brooke esqueceu o dela, e passou a noite com calça *jeans* e camiseta. Felizmente, eles também lhe deram um roupão.

Durante um dia esquecemos da situação de Elena e tentamos ser uma família. Não funcionou, é claro. Gracie queria atenção, Elena brigou com Gracie, e Elena, Brooke e eu esquecemos de como era ter outro pai por perto. Brooke diz que precisamos reaprender a ser uma família. Sei que ela tem razão. Nos últimos dois meses, estivemos em cidades diferentes, cada um com uma filha que não conseguimos disciplinar, ou com outra a quem não queremos disciplinar. O resultado foi um almoço durante o qual passamos correndo atrás de Gracie e de Elena, enquanto nos esforçávamos para manter uma conversa. Sei que isso vai mudar quando voltarmos a viver juntos no próximo fim de semana, mas também sei que precisamos desesperadamente de um tempo em família, apenas nós quarto, para voltarmos a viver normalmente. Receio que, se isso não acontecer, nossas vidas ficarão ainda mais caóticas com as visitas de familiares e amigos. E apesar de o apoio ser bem-vindo, também precisamos encontrar nosso jeito. Apesar de termos passado três dias juntos, Brooke e eu não conseguimos conversar sem interrupção por mais de cinco minutos. Vai ser bom vê-la novamente no próximo final de semana se tudo der certo.

Dia 54 – 21 DE JANEIRO

Ontem, quando fomos ao shopping center, visitamos uma loja de esportes ao ar livre. Vimos caiaques, bicicletas, esquis para a neve e patins. Normalmente, aquela loja seria um lugar dos sonhos, mas nas circunstâncias atuais, pensei mais do que sonhei. Precisei caminhar por aquela loja de mão dada com Elena para perceber o quanto nunca fizemos. Elena e eu conversamos sobre caiaquismo. Brooke e eu sempre quisemos praticar caiaquismo com as meninas em rios e lagos. Agora, percebo que o verão vai demorar demais para chegar. Olhei para as bicicletas e me lembrei das nossas juntando pó no porão, juntamente com um *trailer* que compramos ano passado para as meninas. Acredito que aproveitamos as bicicletas por um final de semana antes de nos envolvermos com coisas "mais importantes". Olhei para os esquis e percebi que Elena nunca tinha esquiado na neve, muito menos estado em um local com neve mais profunda do que quinze centímetros. Percebi que esse tempo está perdido. Todas as coisas que planejei fazer com ela agora estão desaparecendo, e pode ser que eu nunca tenha uma segunda chance.

Teremos a oportunidade de fazer essas coisas? Espero que sim, mas não tenho como saber. E ali, na loja, quando me virei para Elena para explicar sobre o esqui na neve, ela me disse: "Talvez no próximo ano, papai. Quando eu estiver maior". Seria perfeito.

Dia 55 – 22 DE JANEIRO

As chances não são ruins, desde que você esteja do lado das possibilidades. Mas se você for um dos azarados, elas são irrelevantes. Diante de um câncer, acredito que todos os pais analisam as chances como uma maneira de determinar suas atitudes. Afinal, as chances são tudo quando falamos de ações, esportes e negócios. Recentemente, no entanto, cheguei à conclusão de que nossas chances não são reais.

Digamos que ela vença o câncer... Por quê? Foi graças às chances? Ou foi pela maravilhosa estratégia que tivemos, sua atitude, ou por um milagre? Digamos que ela não o vença. Terá sido por causa de nossa estratégia ruim, nossa visão ou pela lei de Murphy? Talvez tenha sido apenas um diagnóstico ruim. De qualquer modo, as chances são irrelevantes na conclusão final. E se ela estiver no grupo de nove entre dez crianças que não vencem essa doença, isso vai importar no final? Em nosso modo de ver, serão 100% depois do ocorrido. Além disso, de que importam as chances depois que você perde o jogo das chances e desenvolve um câncer, para começo de conversa? No meu modo de ver, estivemos em um jogo de uma chance em um milhão. Mas quem não está?

Qualquer pessoa com câncer toma decisões mais com base em suas atitudes e valores pessoais do que nas chances. No caso de Elena, também tomamos decisões com base no momento e em sua situação atual. A religião também desempenhou um papel dominante, apesar de que, sob as circunstâncias atuais, temos dificuldades em nos voltar para ela.

Em nosso curto período aqui, encontramos muitas famílias: aquelas que foram diagnosticadas recentemente, as que entraram em recidiva, mas principalmente aquelas que perderam as chances. Todos os dias somos cercados pela chance de sermos desestimulados e desanimados, mas, de certo modo, não permitimos que isso aconteça. E apesar de algumas pessoas dizerem que o estilo de vida comum oferece segurança por nos encontrarmos em meio a outros nas mesmas condições, eu não penso assim. É enfrentar o impossível, que endurece até mesmo a alma mais fraca. Vamos vencer esse câncer, veremos Elena se formar e venceremos essas chances. É nisso que aposto.

Dia 56 – 23 DE JANEIRO

Hoje foi o último tratamento de radiação de Elena; ela não queria ir. Mas depois de lhe dizer que poderíamos ir para casa em dois dias, ela mudou de ideia. Sem que eu soubesse, isso também desencadeou uma promessa há muito esquecida, que a mamãe lhe fizera em Cincinnati, *dois meses atrás*! Se ela terminasse seus tratamentos, a mamãe lhe compraria botas de vaqueira cor-de-rosa. Na época, tenho certeza de que pareceu uma boa ideia para a mãe, mas para mim, agora, isso representaria o início de uma viagem de muitos quilômetros. Vou poupá-los dos detalhes, mas o resultado foi um par novo de botas cor-de-rosa de vaqueira para combinar com o chapéu rosa de vaqueira. Basta dizer que precisamos ir a cinco lojas para encontrar botas rosa tamanho 27. O que mais eu tinha planejado para aquela tarde, mesmo? Obrigado, mamãe. Eu também posso brincar disso. Disse a Elena que se voltasse e completasse seu tratamento com a mamãe em duas semanas (elas ficarão aqui por apenas dois dias, e sem carro), ela a levaria para comprar um unicórnio roxo de pelúcia, com asas. Boa sorte nessa. Vai ser tão difícil quanto as botas cor-de-rosa.

Dia 57 – 24 DE JANEIRO

Existe uma tradição no hospital. Ao final da estada, todo paciente deixa a marca de sua mão nas paredes da cozinha. Nas últimas oito semanas cozinhamos sob essas homenagens coloridas, tentando imaginar quando seria a vez de Elena. E esse momento foi hoje. Então, com tinta na mão, Elena e eu fizemos sua marca na cozinha. É claro que vocês podem imaginar que cor ela escolheu: rosa com purpurina. E, ao seu estilo, Elena fez questão de complementar a marca com uma foto. Por fim, acabei fazendo a maior parte do trabalho enquanto os funcionários deidiam que o espaço dela seria em uma coluna a três metros e meio do chão, no alto da cozinha. Com seu recém-adquirido medo de altura, Elena precisou ser rapidamente levantada para marcar a mão direita, e depois ficou no chão dando instruções ao papai, que estava na escada.

E assim como todas as crianças antes de nós, seu nome, o diagnóstico e a data da liberação foram impressos na parede. Infelizmente, muitas das outras crianças tinham abreviado "data de diagnóstico" como "D.O.D." (date of diagnostic), e por ter interpretado a abreviatura do modo errado[1] na primeira semana, antes de saber o certo, não quis usá-la. Não sei bem como nos sentimos cozinhando em um local repleto de lembranças. Em alguns dias, as impressões eram animadoras. E apesar de só termos encontrado outros três gliomas de tronco cerebral na cozinha, eles nos mostraram que não estávamos

1 D.O.D. também poderia ser a abreviatura de "date of death" (data do óbito). (N. T.)

sozinhos. Famílias lutando com os mesmos medos e esperanças também tinham usado aquela cozinha, e até tinham queimado seus alimentos, como nós. Depois, vinha o pensamento de quantos restavam. Nesse momento, parávamos de cozinhar e íamos para a mesa sem o prato. Os feijões já não importavam mais. Assim, eu tinha uma regra de dez minutos. Se não conseguisse preparar a comida em menos de dez minutos, desistia. Só me permitia pensar por dez minutos. É claro que não sei nem se passava dez minutos em minha cozinha, em casa.

Quando a marca ficou pronta, ela combinava perfeitamente com Elena. Rosa, brilhante, sorridente e simples. Adeus, cozinha – olá, lar.

Dia 58 – 25 DE JANEIRO

Hoje saímos do hospital-casa, e esperamos que seja para sempre. Não foi um lugar ruim (pergunte de novo quando eu estiver lavando os pratos de todos pela milionésima vez na cozinha coletiva), mas não gostamos do que ele representou. Dei a Elena a opção de ficar mais um dia e partir na sexta-feira de manhã, mas ela estava se sentindo como eu, e corremos para o carro logo depois de sua sessão de radiação e fomos diretamente para casa.

Certamente essa não será a última vez em que visitaremos o hospital. Haverá visitas mensais para prescrições, exames e ressonância magnética, mas cada uma dessas visitas durará um dia, com uma viagem de avião para ir e outra para voltar. Mas, esperamos, nunca ficaremos por mais de três dias seguidos.

Cinquenta e oito dias, e parece uma vida inteira. Gostaria que parecesse ainda mais tempo. E durante esse tempo, não dá para esquecer. Eu pensava que era apenas força de experiência quando as pessoas diziam que não conseguiam parar de pensar sobre acontecimentos que mudavam a vida dessa maneira.

Mas agora conheço a verdade. Não paramos de pensar no que aconteceu enquanto nos trocamos, escovamos os dentes, lemos um livro, trabalhamos e, especialmente, quando colocamos nossos filhos para dormir, à noite. Não é exagero dizer que isso acontece todos os minutos. Também dizem que essa é a parte mais fácil – que a radiação é a parte mais simples do processo. Essa parte agora terminou, e tento imaginar qual será a próxima. Agora, é só esperar para ver.

Elena fez muita radiação, e agora tudo depende de um milagre. O tratamento nos deu tempo para compreender, responder e reagir à doença, e só. Agora, descobriremos se nossa reação é a correta. Na melhor das hipósteses, a radiação cortou o tumor pela metade, ou até o removeu completamente. Mas todos os médicos dizem que mesmo que ele tenha desaparecido, vai voltar com o tempo. É aí que entra a quimioterapia experimental. Esperamos que essa seja a mágica, e que nunca tenhamos de dizer a palavra "recidiva". Com a recidiva vem o desespero, e ainda mais incerteza, pois a radiação não pode ajudar. Minha leitura favorita é "Oncologia Clínica", um manual de 1.400 páginas sobre o câncer. O conhecimento é nosso apoio. Hoje, o alarme toca e vemos a remissão como uma meta. Agora, estamos em casa.

GRACE iLove GRACE Go GO!
iLove to MOM
Elena

For
Mom

Residence Inn Marriott
i Love
You
Elena
DAD
mom
GRace

Elena
i LoVe

the

i love
Yuo
mom
DAD
grace
AT
C

parte 2: a lua de mel

Dia 59 – 26 DE JANEIRO

ONTEM À NOITE todos dormiram bem. Quando acordamos, estava tudo normal. Fui trabalhar, Elena e Gracie foram para a escola, e Brooke foi dar uma palestra. Alguém tinha de ajudar a mostrar as 79 fotos, a máscara de radiação e o quadro de selos.

Depois de deixar Gracie na pré-escola, elas foram para o jardim de infância para a grande apresentação. Lá, foram recebidas por um cartaz de boas-vindas de 10 × 20 cm, e por cerca de 300 alunos do ensino fundamental, além de professores. Foi tudo de que Elena precisava, mas pelo que não estava esperando. Pensamos que mamãe choraria, mas nos enganamos. Foi Elena quem chorou. Felizmente, o jardim-de-infância a chamava.

Às 14h30 era hora de buscá-la. Certo, não era hora ainda, mas eu estava cansado de trabalhar. Rapidamente assumi meu papel de pai superprotetor e atravessei os corredores perto da sala dela. Por fim, depois de esperar uma hora, Elena estava pronta. Acredito que fui mais rápido que os outros alunos para sair, enquanto a levava no colo e corria para o carro.

Esta noite fomos ver estrelas no observatória da cidade. Por lá, vimos a lua, as estrelas e provavelmente teríamos visto Saturno se tivéssemos conseguido ficar acordados até depois das 21h. Mas tudo bem. Minha estrela está em casa esta noite, dormindo na própria cama. A mamãe e o papai vão dormir bem.

Dia 60 – 27 DE JANEIRO

Como continuar vivendo sabendo o que sabemos? Cada vez mais me pergunto se a medicina moderna é uma bênção ou uma maldição.

Apesar de valorizarmos os avanços e as curas que ela torna possível, a que ponto tememos a ansiedade que ela cria? Conheço essa ansiedade em primeira mão, a incerteza e o medo. Então, o que é uma vida normal? Em qualquer outro sábado, teríamos começado o dia acordando com preguiça às sete horas, tomaríamos café da manhã com as meninas e partiríamos para fazer várias tarefas, limpar a casa e realizar consertos. O domingo seria reservado para a família. O tempo era grande antes – ou pelo menos assim pensávamos –, e nossas prioriedades eram outras. A limpeza, as tarefas e os reparos eram mais importantes do que o tempo com nossas filhas. Essas são nossas culpas, e agora não temos tempo a perder.

Toda ação e toda decisão agora vêm com grandes consequências. Precisa tomar um banho? Seja rápido, dá para economizar cinco minutos. Precisa cortar o cabelo? Dá para esperar mais um mês... Espere até ela dormir. Precisa limpar a casa? É para isso que serve a noite. A vida gira em torno delas, e nada mais importa.

Quando isso vai terminar? Não há como saber, mas espero que eu tenha de continuar tomando essas decisões pelo resto de minha vida. Essa é a maldição da medicina. Você pode diagnosticar a doença, mas Deus mantém a programação em segredo. Acredito que dessa maneira fica melhor continuar vivendo e percebendo a importância de todas as ações. Vejo isso agora, mas apenas espero que a lição logo termine e que ela seja curada. Até lá, todos os finais de semana, tardes e manhãs serão diferentes.

Dia 62 – 29 DE JANEIRO

Beijo de cereal! É isso o que ganho todas as manhãs antes de sair para trabalhar. É a maneira que Elena e Gracie encontram de se despedir, e ainda consigo sentir a sorte em minha face. Primeiro, ganho um beijo normal e um abraço, quando elas tentam me passar uma sensação de segurança. Depois, quando estou prestes a partir, elas correm da mesa e pedem mais um beijo e um abraço. É aí que ganho o beijo melado de leite e elas saem correndo de volta à mesa, cantando "Beijo de cereal! Beijo de cereal!", antes de eu conseguir pegá-las. Elas pensam que me enganam, mas na verdade fico esperando por esse momento. Certo, talvez elas tenham me enganado nas primeiras vezes, mas não demorou muito para eu perceber.

São esses momentos que um pai mais gosta da vida com os filhos – nem mesmo as viagens para a Disney World (apesar de também serem divertidas), o primeiro dia de aula ou até o nascimento conseguem ser tão bons quanto esses pequenos momentos diários. A idade entre 4 e 8 anos reserva os melhores momentos. Era isso o que eu pensava dos 2 a 3 anos, e da fase de bebê até os 2 anos. Talvez as fases fiquem cada vez melhores.

Eu sempre me lembro disso ao analisar todos os dias com uma nova perspectiva. Os lembretes do tipo "lave as mãos... use sabonete" e "lave as mãos... use água" não me aborrecem tanto quanto antes. Um pouco, mas não muito. E quem pode pensar que, sendo pai, você tem de dizer a seus filhos "pare de beliscar a banana", "não lamba a manteiga" e "não escove o traseiro de sua irmã com a escova de dentes"? Como se usar a escova de cabelos fosse melhor. E pensar que usei todas essas frases apenas hoje. Acho que isso tem a ver com ser pai.

Ser pai é mais do que ser bom e ruim, mas é também reservar um tempo para valorizar o que se tem e encontrar o lado alegre de todos os dias. Sem isso você nunca terá lembranças. É verdade, acho que não vou esquecer Gracie lambendo a manteiga do pote.

Dia 64 – 31 DE JANEIRO

Como medir o tempo? Quando Elena pergunta por quanto tempo terá de ir ao médico ou tirar sangue, eu respondo: "durante um tempo". "Durante um tempo" é alguns meses, ou será para o resto de sua vida? E se alguns meses forem o resto de sua vida? "Durante um tempo" não significa a mesma coisa que significava ontem, e espero que, um dia, "durante um tempo" signifique uma vida toda.

Ao longo do dia, escuto comentários do tipo: "Gostaria que meus filhos fossem mais velhos", "Gostaria que fosse verão" ou "Gostaria que hoje terminasse logo". Esses comentários sem razão são como nos relacionamos uns com os outros e como lidamos com o tempo. Mas, para mim, quero que o hoje seja apenas hoje. Na verdade, gostaria que fosse ontem. O tempo tem seu jeito de se mostrar quando você não quer. Só gostaria que ele fosse mais lento.

Uma ida ao mercado não é mais como antes. Eu não procuro apenas preços bons (ou produtos orgânicos), mas também comecei a comprar com base nos prazos de validade. Essas datas têm um novo sentido quando você pensa que os alimentos que está comprando podem durar mais do que sua filha. Esse é outro motivo para gostar de alimentos orgânicos; sem conservantes, sua validade termina em uma semana.

Por enquanto o relógio continua seguindo em frente conforme temos dificuldades para reagir. Sei que as respostas virão logo, mas, por ora, esperamos e lutamos contra o desejo de reagir. Esse é o momento de Elena. Seus dias envolvem a escola, os momentos de carinho e a leitura antes de dormir. (Esta noite, a leitura durou uma hora. Certamente está ajudando em suas habilidades de leitura. Brooke e eu não conseguimos mais dizer as letras que compõem as palavras "agulha", "sangue" ou "hospital" sem que ela perceba. Acredito que o medo também ajuda na curva de crescimento.)

Quanto tempo até a cura? Eu não sei, mas espero que seja menos do que "um tempo".

Dia 66 – 2 DE FEVEREIRO

Hoje foi o dia de comprar o vestido de noiva, e a tia de Elena estava mais do que disposta. O casamento é dela, mas, levando em conta as circunstâncias, foi o dia de Elena. Por seis anos passamos pela loja de vestidos no caminho para a escola, e todas as vezes Elena orgulhosamente anunciava qual deles vestiria quando se casasse. Por isso foi justo que quando Keith lhe perguntou o que ela queria fazer depois de sair do hospital, ela tenha respondido: "Quero comprar um vestido de casamento". Desde o começo sabíamos que este seria um dia difícil para mim e para Keith, mas foi o que Elena quis. Felizmente, com o casamento de sua tia, também tivemos uma boa oportunidade.

Ainda bem que encontramos uma linda loja de vestidos que era tranquila e silenciosa – o lugar perfeito para duas crianças loucas por açúcar. Começamos pedindo às garotas que escolhessem os vestidos que queriam experimentar. E os únicos que sobraram eram grandes demais ou verde-limão. Depois de encontrarmos o melhor dos melhores, percebemos que seria impossível fazer as daminhas vestirem o mesmo vestido. Elas são muito diferentes, e um vestido não veste todas as personalidades. Elena escolheu o rosa, brilhante, mais ostensivo, que gritava "Cheguei!". Gracie, por sua vez, escolheu um branco com flores cor-de-rosa e tule ao redor, que dizia: "Sou discreta, delicada e deveria estar em cima do bolo".

Elas andavam de um lado para o outro, ajudando a tia a experimentar seu vestido. Gracie ajudou, divertindo a plateia entre os vestidos. Escondendo--se e surgindo de trás da cortina, ela anunciava a cor e o tipo de cada vestido, caindo de costas no chão quando seus pés se enrolavam na seda e no cetim. Não conseguíamos parar de rir daquela menininha em um lindo vestido caindo o tempo todo e dizendo "Estou bem!". Elena era a responsável por anunciar a entrada da tia e nos dar uma atualização a respeito do tempo que faltava para a próxima aparição. Ela foi nossa coordenadora. O vovô, por sua vez, estava cuidando de Keith. Felizmente, ele estava ali para ensinar Keith a se comportar enquanto uma mulher experimenta roupas novas. Dizer: "Esse vestido parece uma árvore de Natal", "Você poderia usar esse em uma discoteca" e "Esse é meu terceiro vestido favorito" não são maneiras de conquistar uma mulher – principalmente uma que está prestes a se casar usando o vestido de seus sonhos.

Apesar de Keith não ser capaz de demonstrar tato ou paciência com a compra dos vestidos, todas as peças que as meninas experimentavam eram "perfeitas", "lindas", "o vestido de uma princesa". E quando tudo terminou, percebi que o preço não era problema para ele, quando se tratava de suas meninas.

Dia 68 – 4 DE FEVEREIRO

O que fazer entre os grandes momentos da vida? A vida é feita de programas de TV, amenidades e negócios? Ou é feita de caridade, realização e liderança em atendimento? Perguntamos a nossas crianças "O que você quer ser quando crescer", ou deveríamos perguntar: "O que você quer alcançar quando crescer?". E qual é o valor total de todo o tempo que passamos em diversões e distrações, e não no real propósito de viver? Uma pessoa pode mudar o mundo? Uma pessoa pode curar o câncer?

Geralmente a resposta era não, mas com Elena passei a ver o mundo de um modo diferente. Quando tudo isso começou, não passávamos de espectadores, satisfeitos vendo o mundo nos afetar. O câncer não foi algo novo para a nossa família, pelo contrário, mas nunca o compreendemos, muito menos participamos da cura. Em vez disso, rezávamos por milagres e esperávamos. E apesar de a oração ter seu lugar, frequentemente ignorávamos a realidade de que os milagres também acontecem para algumas pessoas. Afinal, o câncer era o trabalho do médico. O que sabíamos sobre curas, fundações e tumores? Somos vítimas acidentais, e a vida agora nos afeta de maneiras que nunca imaginamos. Depois de ter passado os últimos 68 dias surpresos, começamos a ver nossa responsabilidade na destruição dessa doença mortal. E assim como Elena não é, também não somos impotentes, insignificantes nem imunes a esse desafio.

Ontem à noite passei horas lendo exames clínicos e analisando quase 200 páginas do meu manual de oncologia clínica. Entendo algumas coisas, outras não.

Algumas partes parecem lógicas, mas outras não. Sou uma mente ignorante em um mar de mistérios. Não afirmo compreender nem mesmo ser capaz de ajudar a resolver o que muitas pessoas com conhecimento maior continuam analisando. De certo modo, acredito que a consciência é parte da solução. Quanto mais estivermos cientes das características dessa doença, mais começaremos a entender nossos papéis. Torço para que o tempo esteja ao nosso lado.

Dia 71 – 7 DE FEVEREIRO

Hora de voltar para Memphis para um check-up. *Esse é o próximo estágio da doença. Cada ressonância magnética daqui em diante traz a esperança de remissão. Hoje não foi um desses dias. Não posso dizer que foi negativo, mas também não foi positivo. Foi o que era "esperado". O tumor foi reduzido em 50% com a combinação de terapia e quimioterapia. E apesar de isso ser algo positivo, mostra a realidade de que a radiação terminou e que a quimioterapia é nossa única opção para manter o tumor sob controle. Será uma batalha manter o tumor estático e evitar uma recidiva. Esse é o novo padrão.*

Ao analisar o tumor, o médico também percebeu a presença de "manchinhas de sangue". Apesar de isso, sozinho, não significar grande coisa, com o sangramento nossa lista de orientações se reduz de 16 a 2. Acredito que preciso pesquisar mais.

Elena e eu decidimos nossa pesquisa preliminar para esta noite, e colocamos a cópia do CD da ressonância magnética em meu computador para podermos ver o "disco da cabeça", como diz. Isso foi algo inesperado, e acabamos deitados na cama, rindo. Elena estava rindo porque conseguia ver seus globos oculares inteiros nos exames. Eu estava rindo porque foi ridículo que nem sequer tenha imaginado que poderia encontrar o "caroço" naqueles exames, apesar de Elena não parar de pedir que eu lhe mostrasse o caroço.

Depois de brincar de médicos, Elena decidiu que, já que íamos pedir pizza, ela ia me servir. Colocou toalhas de mão para servirem de apoio, puxou as cadeiras e me entregou o cardápio. Ela serviu a pizza e pediu que eu limpasse a boca, porque "este é um restaurante educado". Aparentemente, ela não lava os pratos, porque essa tarefa ficou para mim. Felizmente, eram todos de papel e plástico.

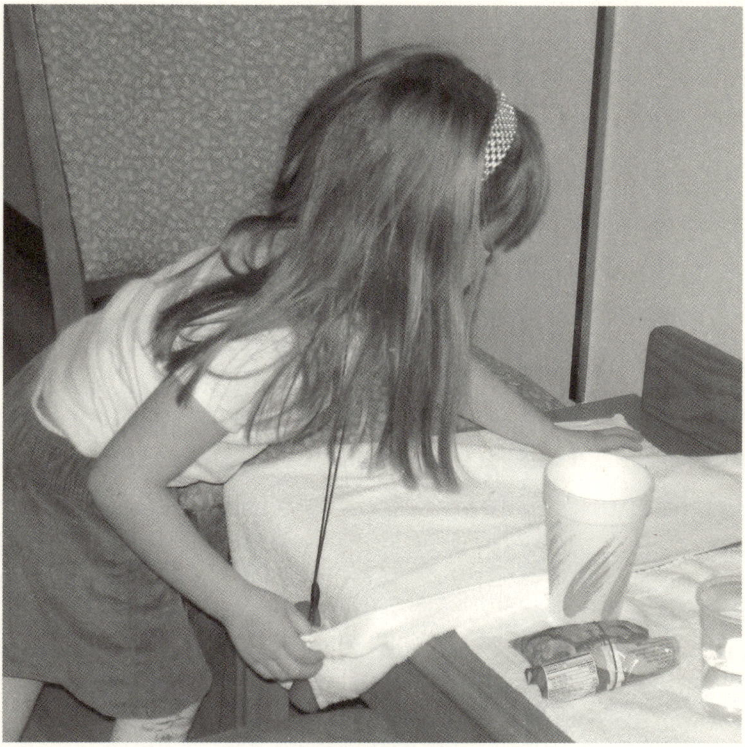

Dia 74 – 10 DE FEVEREIRO

Hoje foi a véspera de nossa viagem a Disney, e as meninas não poderiam estar mais animadas. Há seis meses planejamos essa viagem, juntamente com um compromisso de trabalho. Agora, é tudo menos trabalho, e seremos acompanhados pelos dois casais de avós, a família de minha irmã e a do irmão de Brooke. De certo modo, somos uma convenção. Então, Brooke e eu estávamos preocupados com a tarefa de limpar a casa e organizar as malas para qualquer mudança de clima ou qualquer emergência que pudessem ocorrer. Depois de seis malas, desistimos e decidimos que compraremos o que faltar.

Dia 77 – 13 DE FEVEREIRO

As avós competiram hoje. Este é o problema com reuniões de todas as pessoas da família. Inevitavelmente o resultado é um "Concurso das Avós", no qual os presentes surgem de todos os lados. Da esquerda vêm as balas de ursinho e, da direita, os livros. Logo a competição fica feia, com animais de pelúcia, sobremesas inspiradas em fogos de artifício e joias. E quando percebemos, as meninas estão mimadas além de nossos esforços de correção, e não há como colocar todos os presentes dentro de uma mala. Hoje não foi diferente. Felizmente, Brooke e eu compramos uma quarta mala, justamente pensando nisso. Esperamos que não fique pior. Apesar de saber que isso vai acontecer, já que o Dia de São Valentim está próximo. Já consigo ver as mensagens de coração e as bonecas chegando em casa. E bem quando estamos tentando dar a ela alimentos orgânicos e antioxidantes.

Hoje fomos à Disney World. Passamos o dia nas atrações It's a Small World (sei que vocês devem estar cantando a música agora – boa sorte para tirá-la de sua mente) e na Haunted Mansion. A Thunder Mountain teria de esperar por mais um dia até ficar seco. Às 16h, o grupo estava pronto para condições mais secas, e partimos para o luau no hotel Polynesian. Lá, fomos recebidos com colares de flores e os tão necessários álcool e alimentos – nesta ordem.

Pela primeira vez ficamos sentados, um grupo de quinze pessoas, e conversamos, rimos e comemos. Foi um ótimo final para o dia e uma ótima maneira de Elena aproveitar o amor de sua família. Depois, quando o sol se pôs e as temperaturas diminuíram, Elena pediu para se sentar em meu colo para assistir ao show da dança do fogo. É claro que não resisti ao ver seus olhos brilharem com a performance. Para ser honesto, não tenho ideia do que aconteceu durante o luau; passei uma hora admirando e segurando Elena.

Foi o período mais longo que ela havia passado comigo, desde que tinha meses de idade, sem espernear ou correr para a mãe, por isso eu não queria abrir mão daquele momento. Quando terminou e estava na hora de ir embora, eu a peguei no colo, deitei sua cabeça em meu ombro e continuei até o barco que nos levaria ao hotel – sem me importar que meus braços tivessem adormecido meia hora antes. E quando voltamos, meus braços doíam, assim como meu coração. O desespero nos força a viver o presente enquanto a mente vai para o futuro. Mesmo assim, esta noite fui o pai mais sortudo de todos.

Dia 78 – 14 DE FEVEREIRO

Elena nunca foi o que se pode chamar de "extrovertida". Nunca se oferece para nada, muito menos para um desafio. Ela não canta alto no carro nem no banheiro, não conversa com estranhos e não experimenta alimentos novos. Durante seus seis anos, sua margem de conforto tem sido restrita ao que ela sabe e ao que a forçamos a fazer. Depois, e só depois, ela admite que foi uma boa ideia.

Depois das experiências dos últimos quatro meses, nunca esperamos nada de diferente dela. Ela continuava resistindo, e nós, insistindo. E estávamos certos. Mas o que não esperávamos era como essa atitude se tornaria exagerada. Desde seu diagnóstico, tudo se tornou um desafio enquanto ela se esforça para se manter na zona de conforto. E, diferente de antes, isso agora vem acompanhado de lágrimas, gritos e um medo que nunca vimos antes. Depois de quatro meses de agulhas, cirurgias e paralisia, sua confiança ficou alterada, e a única maneira de repará-la é com o uso da força.

Por quase uma hora hoje, Brooke e eu tentamos convencer, chantagear e fazer com que Elena fosse em um toboágua com seus primos. Mas não conseguimos, e, depois de trinta minutos de pressão, eu a segurei e comecei a subir. Depois de dez passos, ela pediu para eu parar; mais dez passos e ela gritou, dizendo que tinha de ir ao banheiro; dez outros passos e ela reclamou que seu pé direito estava doendo; depois dos últimos dez passos, ela me disse que tinha medo de altura. Eu não ia ganhar o prêmio de Pai do Ano deste ano daquele jeito.

Por fim, fiz o que qualquer pai preocupado teria feito em meu lugar: eu a empurrei toboágua abaixo e vi quando ela fez a primeira curva gritando. Depois, escorreguei logo atrás dela. Acredito que chamam isso de "diversão forçada". E apesar de ela não querer, eu sabia que ela precisava tentar.

Assim que ela chegou à piscina, começou a subir de novo, dizendo a todos que encontrava pelo caminho que era muito corajosa por ter escorregado. Nenhum problema de confiança dessa vez: ela chegou lá em cima antes de mim e até o medo de altura pareceu ter sido curado. A atitude de um pai de forçar a diversão não é bem vista. Amanhã iremos aos outros brinquedos. Chega por hoje.

Dia 82 – 18 DE FEVEREIRO

Hoje pegamos o avião para ir para casa. Ontem, os avós, tios e tias foram embora, dando-nos um dia como uma família de quatro mesmo. Mas não sentimos conforto quando ficamos sozinhos com nossas ideias. Essas férias todas têm sido uma briga contra o tempo. Cada atração traz a esperança de que nunca termine. Cada desfile traz a chance de os carros continuarem aparecendo. Cada apresentação de fogos de artifício vem com o desejo de que as luzes continuem brilhando no céu escuro. Mas assim como as atrações, os desfiles e os fogos de artifício terminam, por isso as férias também devem terminar. Para nós, esses finais são mais do que o retorno à vida, são também mais um passo em uma direção que não queremos tomar. E conforme os dias passam, nossa vida se torna mais complicada, e nossos abraços em Elena, mais incertos.

Não quero que essas férias terminem por causa do clima ou das experiências, mas porque não quero perder essa "lua de mel", como dizem os médicos. Este é o momento em que ela pode voltar a ser uma criança de seis anos de novo, sem as chateações de exames de sangue, ressonância magnética e discussões complexas com médicos, nas quais evitamos as "palavras não mencionáveis" na sua presença. Na verdade, não acho que poderíamos ter feito mais durante esses últimos sete dias e duvido que meus joelhos e minhas costas permitiriam mais caminhada, mas minha mente poderia ter ido muito além do que o tempo permitiu. Essa é a realidade do tempo: ele nunca espera, e nunca se repete.

Hoje, Elena olhou para mim e perguntou se poderia se casar na Disney World um dia. Isso me fez parar, olhar para cima e fazer a pergunta a mim mesmo. Minha resposta foi "É claro". Espero que esta não seja uma mentira, e que seja a melhor resposta que posso dar. Espero que o tempo esteja a nosso lado, para variar, e que eu pague por esse casamento. Todos vocês estão convidados.

Dia 83 – 19 DE FEVEREIRO

Girassóis são a nova paixão de Elena. O quadro *Girassóis,* de Van Gogh, para ser exato. E quando viajamos para a França nesse último sábado (certo, a França no Epcot), Elena imediatamente soube do que gostou. Lá, ela viu Van Gogh em toda a sua glória – em cartões postais, bolsas, tábuas de carne, espelhos de interruptor e impressões. Gostou muito do espelho de interruptor de *Noite Estrelada*, mas decidiu ficar com a impressão de *Girassóis* – principalmente quando não quis dar os 18 dólares pelo espelho de interruptor. Elena então aproveitou a oportunidade de dizer ao caixa que seu "vovô–vovô tinha a imagem real em sua casa" e que aquela era apenas uma cópia. Acredito que chamamos a atenção do caixa naquele momento, apesar de nossas diferenças de idiomas. Não interessa que a imagem pendurada na parede do avô também seja uma cópia da verdadeira pintada por minha tia-avó; para Elena, aquela é a original.

Amanhã, a impressão vai para a escola para a palestra, e pelo que soube, ela precisa de duas coisas para mostrar, e não apenas uma, pois essa é a responsabilidade de uma "Estrela da Semana". Brooke e eu não sabemos se isso é verdade realmente, mas, para dizer a verdade, não acredito que nos importamos, assim como a classe do jardim de infância não se importará. Ela pode dividir a alegria e a beleza de Van Gogh com a sala ao contar para eles que seu vovô–vovô tem a imagem real. Sim, existe um quadro de vários milhões de dólares em Cincinnati. Nós, por outro lado, ficaremos muito satisfeitos com o sorriso de 32 milhões de dólares que isso colocará no rosto de Elena. Obrigado, Van Gogh.

Dia 84– 20 DE FEVEREIRO

Há um ano tomei conhecimento da Medalha Caldecott. Hoje, pelo menos sei que é um prêmio de literatura. Além desses fatos, não sei o que significa. Mas, para Elena, qualquer livro que tenha ganhado a Medalha Caldecott deve ser especial. São os livros que lemos antes de dormir. Esses livros têm uma prateleira especial, para que não se misturem com os "comuns".

Elena adora seus livros, e isso fica claro. No seu quarto, existem três prateleiras de livros, e tem mais duas no quarto de Gracie, onde o espaço nas paredes é maior. Gracie, por outro lado, adora bichos de pelúcia. Ela coloca todos eles, com carinho, no chão. Elena nunca sonharia em fazer isso com seus livros. Cada livro tem um espaço na prateleira, com a lombada para fora, as letras na mesma direção, com um sistema de organização que deixaria muita biblioteca com inveja.

Ler um livro com Elena é um processo metódico. Primeiro, você precisa tirar a sobrecapa do volume, se houver uma. Afinal, para experimentar o prazer da leitura na cama, você precisa não apenas ver as páginas, mas sentir a capa também. Mas tome o cuidado de colocar a sobrecapa de volta ao colocar o livro na prateleira – é preciso fazer isso assim que terminar de ler. Depois, sempre mencione o nome do autor, apresente a capa para o público e então diga a todos sobre qual acredita ser o assunto do volume. Não importa que a plateia seja composta apenas pela mamãe, Gracie e eu. Em terceiro lugar, abra o livro na primeira página e leia rapidamente os créditos para ver se o ilustrador é diferente do autor. Agora, devemos parar nesta página e falar sobre a idade de Elena na época da primeira publicação. Finalmente podemos começar a ler, mas não se esqueça de falar sobre a qualidade das ilustrações e sobre como o autor passa movimento nas imagens. Imagens distantes que se tornam *closes* indicam que o personagem está viajando. Também é importante entender o uso das cores escolhidas pelo autor. Cores fortes transmitem sentimentos felizes, enquanto as escuras passam a sensação de tristeza. Quando terminar o livro, feche-o e o coloque sobre o colo, pedindo à plateia que "discuta o livro" com você. Depois de tudo isso é que você pode considerar ter aproveitado sua leitura antes de dormir. Agora vocês sabem por que demoramos uma hora ou mais para ler três livros de crianças todas as noites.

Todos os dias aprendemos com Elena. Para dizer a verdade, eu nunca tinha analisado a página de créditos nem examinado as cores das ilustrações. Apesar de eu ser o pai, ela é a professora. Por isso, quando são sete horas da noite, é hora de nos sentarmos em círculo, como os índios, e prestar atenção. Fazemos isso bem. Quando alguém pergunta o que ela pretende ser quando crescer, ela afirma que quer ser mãe, e depois professora. E com seu incentivo, até mesmo Gracie quer ser professora, em vez de policial. Como mãe e professora, sei que Elena será excelente nas duas funções. Até lá, estou pronto para ser seu aluno por uma ou duas horas todas as noites.

Dia 86 – 22 DE FEVEREIRO

Parece que, ultimamente, todas as nossas conversas sérias acontecem no carro. Ontem não foi diferente. Às duas da tarde, eu a busquei na escola para ir a uma consulta para exames no hospital. Imediatamente ela soube o que aquilo significava: um exame de sangue, e não gostou nem um pouco. Dessa vez, as distrações não duraram muito; ela conhece minhas artimanhas, e não queria ser enganada. Perguntei sobre seu dia; ela falou sobre agulhas. Falei que podíamos comer pipoca e assistir a um filme depois do jantar; ela falou sobre as luvas azuis. Falei sobre gatinhos; ela pediu para ir para casa. E mesmo tendo adorado levá-la para casa, eu sabia que sem os exames de sangue nunca poderíamos ficar em casa. Por fim, decidi tentar conversar com ela abertamente. Expliquei que os exames de sangue lhe permitiriam ir para a escola, voltar para casa e estar com seus amigos, e que aqueles exames de sangue faziam parte do motivo pelo qual ela estava melhorando.

"Mas eu estou melhor, papai", ela respondeu. Sim, ela estava melhor, mas assim como demorou muito para o tumor crescer, demoraria muito tempo para encolher. Isso ela não compreendia. Afinal, ela conseguia andar, falar e comer, então, por que tinha de continuar indo ao médico e tomando remédio? "Algum dia vou sarar?", ela perguntou. "O caroço vai crescer de novo e fazer com que eu tenha de usar a cadeira de rodas de novo? Estou comendo e tomando o remédio, então ele vai embora". Fiz uma pausa, ela esperou. E perguntou de novo. "Não, todos os dias vai melhorar, mas serão necessárias muitas consultas com o médico e muito tempo."

Disse a mim mesmo que estava dizendo a verdade. Essas consultas, esses exames, o remédio e a paciência dela acabariam vencendo essa doença. O restante da viagem foi feito em silêncio. Nenhuma distração fez com que ela mudasse de ideia dessa vez.

Amanhã, espero que nossas conversas sejam mais sobre gatinhos do que sobre nosso futuro incerto. Independente disso, são nesses momentos com Elena que mais aprendo. Ela é esperta e, ao mesmo tempo, consciente de suas circunstâncias. Costumo me perguntar se ela está evitando a discussão tanto quanto eu. Talvez ela pense que ainda não percebi. Ela é muito mais esperta do que imaginamos.

Dia 87 – 23 DE FEVEREIRO

Cada passo e cada palavra com Elena assumem um novo sentido, agora. Na segunda-feira, foi uma palavra mal pronunciada. Na terça, ela reclamou que não conseguia escutar. Na quarta, Brooke e eu decidimos que seria bom ir ao hospital pediátrico para ver se era algo sério ou se estávamos apenas exagerando. E estávamos exagerando. Mas, como seus sintomas tinham sido sutis no início e progrediram rapidamente para uma paralisia total em poucos dias, sentimos que seria melhor conversar com um médico. Adoro estar errado. Espero que continuemos exagerando na preocupação pelos próximos oitenta anos.

Com a noite de hoje veio outra tentativa de exagerar enquanto passeávamos no shopping center com a mamãe. Elena estava reclamando de cansaço, e a primeira coisa que notamos foi que seu pé direito estava se virando para fora. Depois, ela prendeu o pé na escada rolante e caiu de joelhos. Se fosse com Gracie, isso teria sido normal. Mas como foi com Elena, tivemos mais um motivo para nos preocuparmos. Eu a carreguei no colo pelo resto do passeio. Quando chegamos em casa, o pé tinha voltado ao normal e ela subiu a escada para se preparar para dormir. Será que posso estar errado de novo?

O médico diz que os sintomas do glioma costumam reaparecer de modo oposto à ordem em que melhoraram depois da radiação. Isso significaria que a primeira coisa a desaparecer seria o reflexo da deglutição, depois a perna direita e a mão direita, então a capacidade de falar e de comer. Esta noite ela se sentou no sofá com um saco de pipocas – o reflexo de deglutição estava perfeito.

De certo modo, acho que isso nunca mudará. Ela vai continuar a nos surpreender, e continuaremos analisando todos os seus movimentos. Adoro estar errado, principalmente agora. Mais setenta e nove anos e meio pela frente...

Dia 91 – 27 DE FEVEREIRO

Da próxima vez, a instrutora de natação vai pensar duas vezes. E talvez, quem sabe, quando ela pedir a Gracie que pule na piscina para seus braços, ela vai dar um passo para trás. Pensando bem, talvez ela dê três passos para trás.

Hoje, nossa tentativa de terapia física nos levou de volta à piscina de nossa cidade. Matriculamos Gracie e Elena nas aulas de natação. E mesmo sabendo que não conseguiremos ir todas as semanas em razão do tratamento de Elena, estávamos ansiosos para inspirar Elena no meio da monotonia do inverno. Gracie foi um benefício a mais, um motivo para Elena ser competitiva. E ali, na beira da piscina, as aulas começaram. Para avaliarmos suas habilidades, a primeira aula foi apenas pular na piscina. Em resposta, Elena foi para a beirada, sempre tomando cuidado para não escorregar, tropeçar ou se molhar nesse processo. Em primeiro lugar, o dedo do pé, depois a perna. A professora deu um passo adiante. "Pule nos meus braços", ela disse. Elena ficou sentada balançando as pernas e esticou os braços. E depois do que pareceu uma hora, ela finalmente foi para a frente e entrou na piscina de modo gracioso.

Gracie foi a próxima. A professora deve ter pensado que se a mais velha demorou tanto tempo, a menor certamente seria mais insegura. Ela deu um passo adiante. Gracie esperou encostada na parede, enganando a professora com seu olhar tímido. Para qualquer pessoa que não a conheça muito bem, ela parece envergonhada e retraída. Para as outras, esse olhar demonstra suas intenções e planos espertos. A professora não conhecia Gracie. "Venha, pule em seus braços", ela implorou. Gracie não precisou de muitos pedidos, e certamente não se intimidaria na piscina. Afinal, no mundo de Gracie (dizemos Gracelândia), aquilo foi uma permissão. Assim, ela se posicionou como uma corredora, empurrou-se na parede e se jogou na piscina; tarde demais para a professora. Ela tentou ir para trás, mas Gracie já estava voando. E quando pousou, Gracie caiu nos braços, no peito, na cabeça e nos cabelos que a professora tentava manter secos a todo curto. Ah, sim, e a pose! Braços e pernas para cima, barriga para baixo. Foi a perfeita barrigada, tão perfeita que seria de esperar que ela batesse na água até chegar ao outro lado. Ela não fez isso, é claro, pois a professora estava bloqueando o caminho. Mas as duas ficaram embaixo, com Gracie por cima. Basta dizer que acredito que ela passou nessa lição, mesmo que ainda não consiga nadar.

Ninguém percebe quanto Elena perdeu até vê-la nadar. Antes de seu diagnóstico, ela atravessava a piscina sem ajuda. Agora, mal consegue bater vinte vezes os pés com uma prancha. É engraçado como um mês de paralisia pode causar tantos danos. Mas acredito que é para isso que estamos aqui. Quanto mais ela praticar, mais terá músculos para ajudá-la no restante da batalha.

Dia 92 – 28 DE FEVEREIRO

A tarefa de um pai é proteger. Foi isso o que eu sempre disse a Elena, desde sua primeira ida ao escorregador do parquinho à sua primeira ressonância magnética. Era meu lema, e se você perguntar a Elena qual é a tarefa de um pai, ela vai responder sem hesitar. Independente do que aconteça, o papai vai estar aqui para salvá-la e protegê-la. E eu acreditava nisso. É um trabalho simples. Eu derrotava perturbações, a escuridão e os pesadelos. Acreditava que minhas mãos eram mais rápidas que um raio e minha pele mais forte do que uma armadura quando precisasse proteger minhas filhas. Não importava a ameaça, eu lhes dizia que o papai estaria ali para mantê-las seguras. Mal sabia o que me esperava.

E, de certo modo, ao longo do início dessa doença, eu acreditava que tendo os poderes que vêm com a paternidade, de alguma maneira seria capaz de protegê-la de novo. Eu conseguiria curar o câncer ou encontrar um médico milagroso que tivesse a solução, mas que simplesmente não soubesse como contar ao resto do mundo. Esse poder, hoje em dia, está desaparecendo rapidamente conforme me vejo diante de cada vez menos opções.

Hoje ficamos sabendo que os resultados da sua quimioterapia podem não ser tão positivos quanto esperamos. Não temos certeza, mas com uma viagem a Memphis marcada para a próxima semana, esse será nosso maior problema. As implicações de um resultado como essse são desanimadores, no mínimo. A droga na qual apostamos todas as nossas fichas pode ter pouco resultado no crescimento do tumor combinada com a radiação; isso de acordo com outros pacientes nas mesmas condições que se reuniram com seu médico na semana passada. Resumindo, pode ser que tenhamos desperdiçado a melhor oportunidade de vencer esse tumor. Agora, só podemos torcer pela quimioterapia, mas com a dosagem máxima de radiação já alcançada, as chances são poucas.

Então, hoje uma nova luta começa. Uma luta que devemos entender e para a qual devemos nos preparar para vencer no final. E apesar de sabermos que a doença por si só determinará o tempo e a direção que devemos seguir, como pai fico pouco tranquilo sabendo que estamos fazendo tudo o que podemos. O momento de Elena receber um milagre está passando, conforme a comunidade médica vai ficando sem opções. Mas como o papel de um pai é proteger, também é nunca desistir. E mesmo que por dentro eu queira parar, não posso. O câncer pode crescer, os efeitos colaterais podem piorar, mas eu ainda devo continuar protegendo. O câncer marcou minha família antes; dessa vez, tem de ser a última. Mas, de certo modo, sinto que deveria ter me preparado. Deveria ter feito mais. A proteção vai além da luta; tem a ver também com prevenção. E nesse aspecto já falhei. Nunca mais.

Pretendo cumprir a promessa que fiz seis anos atrás, quando a segurei pela primeira vez. A tarefa de um pai é proteger.

Dia 93 – 1º DE MARÇO

Gracie e Elena são mais do que apenas irmãs, são também melhores amigas. Com apenas 22 meses de diferença entre elas, ambas dividem mais do que roupas, brinquedos e passatempos; também dividem suas vidas. Foi assim que Brooke e eu planejamos desde o princípio. Por sermos de famílias com diferença de idade entre irmãos de mais de três anos, acreditávamos que uma diferença de dois anos ou menos entre nossas filhas seria melhor para elas. Não sabíamos como estávamos certos.

Com quase 2 anos de idade, Elena não fazia ideia de quanto sua vida estava prestes a mudar, mas sabia que, a partir de então, seria a irmã mais velha. Usando orgulhosamente seu broche no qual se lia "Sou a irmã mais velha" no hospital, ela assumiu seu papel de seguradora da mamadeira ao abrir mão de seu quarto e seus brinquedos para o novo membro da família. E apesar de brincarem uma com a outra e passarem horas na sala da família, logo percebemos como amariam uma à outra no dia em que as escutamos rir pela primeira vez. Cerca de seis meses depois do nascimento, encontramos Gracie dando uma gargalhada no balancinho enquanto Elena dançava e fazia caretas engraçadas diante dela. Nunca mais foi a mesma coisa. Agora, Gracie retribui o favor diariamente, com suas atitudes ensaiadas e seu sorriso contagiante.

Até mesmo hoje, Gracie continua sendo a comediante, enquanto Elena desempenha o papel de mãe protetora. Hoje de manhã, enquanto Gracie estava tendo um chilique por causa de suas roupas e Brooke e eu já tinhamos desistido, Elena tranquilamente subiu a escada para acalmar a irmã. Cinco minutos depois, ela desceu segurando a mão de Gracie, dizendo-nos que Gracie estava linda, enquanto esta secava as lágrimas. Além de acalmar a irmã, ela conseguiu fazer com que ela vestisse exatamente as mesmas roupas que não tínhamos conseguido vinte minutos antes.

Os amigos não precisam ser iguais para se dar bem. Às vezes são as diferenças que fazem uma amizade dar certo. No caso de Gracie e de Elena, é também o que as torna perfeitas uma para a outra.

Dia 94 – 2 DE MARÇO

Nós dizemos "areia nos olhos", para aquele momento da manhã no qual nos arrependemos de não ter ido dormir mais cedo na noite anterior. Para a maioria das pessoas, esse momento dura até a primeira xícara de café ou logo depois do banho da manhã. Para Brooke e eu, esse momento dura o dia todo, e até o seguinte. E é mais do que falta de sono; é um cansaço e uma exaustão que se tornaram nossa vida.

Depois do diagnóstico, não conseguimos mais dormir. Noite após noite tentávamos, mas da meia-noite às quatro da madrugada, ficávamos olhando para o teto tentando descobrir uma maneira de acordar do pesadelo. Agora é diferente. Podemos dormir, mas não queremos. Essa é nossa nova vida. Sempre que não estamos trabalhando, comendo ou passando um tempo com as meninas, estamos lendo e-mails de outros pais, pesquisando na Internet sobre o câncer ou lendo nossos materiais sobre oncologia. E quando chega onze horas da noite, apenas começamos. Então, continuamos em nossa pesquisa desesperada por opções. Os médicos nos dizem para aproveitar a lua de mel. Pais de crianças com diagnóstico de câncer de tronco cerebral dizem que devemos nos preparar. Queremos as duas coisas. Sempre nos perguntamos "por que com ela?". É aí que entra a fé. Mas em vez de questionarmos por meio da fé, escolhemos ter fé de que a solução surgirá, por isso dormir não é uma opção. As "areias nos olhos" continuarão existindo, noite e dia. São o nosso Deus.

Dia 95 – 3 DE MARÇO

Às vezes as coisas simplesmente acontecem. Sem razão, sem consequência. Às vezes os dias não têm um sentido nem são organizados. Ontem foi um desses dias. Começou com nossa família em lados opostos do país. Gracie ainda estava doente em casa, recuperando-se de um resfriado. Eu estava indo para casa, vindo da Califórnia, de uma reunião de negócios. A mamãe estava em casa com as meninas, esforçando-se para cuidar dos negócios e da família. Elena estava na escola, e sentiu-se cansada e com dor de cabeça, repentinamente. O resto poderia esperar por enquanto.

Na hora do almoço, Brooke recebeu um telefonema do jardim de infância dizendo que Elena estava cansada e com saudades do pai. Mas ao pegá-la na escola, ela também descobriu que Elena estava com dores fortes de cabeça. E depois de três horas tentando fazer com que ela ingerisse líquidos, tratando as dores com Tylenol e permitindo que ela dormisse, as dores de cabeça só pioraram. Foi então que ela decidiu ir para o pronto-socorro.

Uma hora depois, a situação de Elena piorou. Sua perna direita começou a se arrastar de novo, sua fala ficou confusa e a mão direita não respondeu perfeitamente aos exames. Não eram boas notícias. E quando cheguei, três horas depois devido aos atrasos no aeroporto, uma ressonância magnética já estava nos planos. A boa notícia foi que ela fez a ressonância sozinha, sem sedação, sem problemas. A notícia ruim foi que o tumor crescera no último mês. Estamos agora no que eles chamam de "recaída" – o fim da lua de mel.

Para entender o que isso significa, você precisa entender o que esperávamos. Desde o começo, dissemos que deveríamos esperar entre três e sete meses depois da radiação. Com o tempo, esse período foi aumentando para sete e quatorze meses desde o diagnóstico, conforme consultamos médicos mais especializados. Até mesmo na pior das hipóteses, esperávamos que o tumor só voltasse no final de abril. Até lá, teríamos tempo suficiente para avaliar as alternativas, analisar os resultados e passar um tempo com nossa filha – isso se alguém acredita que três meses desde a radiação bastam. E se o tumor crescesse, deveria ser um crescimento pequeno. Não tivemos nada disso. Um mês desde o término da radiação não foi o suficiente. Pior ainda, o tumor não parecia estar crescendo lentamente, nem mesmo sendo afetado pela quimioterapia. Nada pode descrever nossos sentimentos, e nem vou tentar.

O que fazer agora? Para os procedimentos mais promissores, precisamos de semanas para planejar, e duvido que tenhamos sequer duas semanas. A verdade é que não trabalhamos com a rapidez necessária. Nossas opções são limitadas, e nossa compreensão dessa doença é mínima. Talvez tenhamos perdido a melhor chance de vencer esse câncer.

Há muito mais trabalho para fazer, tanto para nós quanto para Elena. Precisamos de mais tempo. A chance por milagres é hoje, e a cura começa agora. Amanhã pode ser tarde demais. Eu te amo, Elena.

Dia 96 – 4 DE MARÇO

Bem-vindo à "área cinza". Os especialistas não sabem dizer se o crescimento na área é inchaço por causa da radiação ou por causa da progressão. Nossa equipe determinou que o aumento foi pequeno o bastante para considerá-lo estável. Elena também acordou com febre e dor de cabeça na segunda-feira, por isso, talvez, todos os sintomas foram causados pelo enjoo, e não pelo inchaço. Adoraríamos acreditar que foi só isso. No próximo mês temos uma ressonância de acompanhamento, por isso vamos monitorá-lo de perto. Também recebemos uma ordem para o plano nutricional de Elena. Desde que um alimento seja natural, podemos lhe dar.

Hoje, durante o almoço, acho que Elena descobriu o diagnóstico de sua dor de cabeça. "Mamãe, passei três semanas sem dor de cabeça e uma semana com dor de cabeça". Brilhante. Por três semanas ela estava tomando seus remédios da quimioterapia. Esta semana, ela ficou "livre", sem tomar a medicação. Talvez sejam sintomas de abstinência! Vou enviar um e-mail a nosso médico para saber se preciso matriculá-la na faculdade de medicina. Todos os dias Elena me surpreende com sua inteligência e capacidade de simplificar a mais complicada das situações. E apesar de ainda estar estudando, ela pratica aplicando seus conhecimentos de enfermeira a cada oportunidade que tem. Hoje, ao receber sua dose mensal de remédios por via intravenosa, informou à enfermeira, com calma, que ela havia deixado uma bolha dentro da seringa, e que deveria elevá-la e soltar um pouco de líquido para tirá-la. A enfermeira olhou para mim, olhou para Elena, e depois para a seringa. Elena estava certa, e sobre isso não havia dúvidas. E para ajudar ainda mais, Elena apontou para a seringa que a enfemeira segurava para o caso de ela não ter sido claramente compreendida. "Nossa! Ela é bastante observadora, não é?", a enfermeira comentou ao tirar a bolha da seringa e continuar. Perguntei-lhe se ela quer ser médica ou enfermeira quando crescer. Ela rapidamente balançou a cabeça, negando. Talvez ainda possamos convencê-la a curar o câncer antes de se tornar jogadora de futebol.

Dia 98 – 6 DE MARÇO

Anormal. É assim que chamam o tumor de Elena. Normalmente, a ideia de ter um tumor anormal poderia assustar qualquer pai. Afinal, "anormal" traz impressão de instabilidade, crescimento avançado e problemas não tratáveis. E mesmo que algumas dessas impressões realmente existam, para nós "anormal" também significa esperança. Veja, os gliomas de tronco cerebral "normais" têm um índice pequeno de sobrevida – nenhum procedimento de tratamento, e muito desespero. Por isso, "anormal" deve, certamente, significar o oposto do desespero... certo?

Desde o começo, eles se referem ao tumor dela como anormal, e enquanto o "anormal" traz incerteza e medo, também nos dá esperança de que, de alguma forma, esse é um tumor que ninguém nunca viu antes. Sim, estamos esperando que esse seja um tumor que *ninguém tenha visto antes*. Imagine isso.

Talvez, quem sabe, "anormal" também signifique que é curável. Certamente, os 10% das crianças que sobreviveram a essa doença devem ter tido tumores anormais. Só podemos torcer.

Dia 101 – 9 DE MARÇO

Nos últimos dias Elena tem conversado com caminhoneiros. As vozes não são claras, mas de vez em quando reconhecemos uma música ou uma pergunta sobre o trânsito de seu *walk-talk* da Hello Kitty. Um rádio de comunicação pode não ser o melhor brinquedo para uma criança de seis anos, mas sempre soubemos que ela captava os sinais de uma criança da rua. Isso é, até ela levar o *walk-talk* em nossa ida para o *home and garden show*. Um quilômetro e meio depois, finalmente ligamos os pontos quando o sinal ficou mais claro e as perguntas dela, do tipo "Quem é?", foram respondidas com "Tina Bay", "Big Mac" e "Diesel Duo".

Mal eles sabiam que a pessoa do outro lado da linha estava usando um rádio da Hello Kitty de 25 dólares, e que não estava preocupada com o acidente na ponte. Mesmo assim, Elena continuava falando, fazendo perguntas e obtendo informações do trânsito conforme passávamos pelos caminhoneiros em direção ao norte. Como um fazendeiro pastoreando seu gado, ela os levou para a direita e depois para a esquerda, não importando que não soubesse qual pista estava fechada adiante. O tãnsito provavelmente demorou uma hora a mais para se dissipar naquela noite, graças a nossa menininha. E quando eles descobrissem, planejei estar longe do seu alcance.

Dia 102 – 10 DE MARÇO

Nunca mais olharei para um cachorro-quente da mesma maneira de novo. Apenas quando você luta pela vida de seu filho com apenas uma panela e uma colher como armas é que você começar a temer o conteúdo de tudo que leva à boca. Todas as noites, passo no mínimo uma hora ou duas lendo sobre estratégias nutricionais para Elena. Qualquer coisa natural pode ser dada, e a lista de alimentos benéficos não tem fim.

Tornou-se uma arte a tentativa de colocar o máximo de "coisas boas" em uma refeição. O arroz e os vegetais são cozidos em chá verde para melhorar sua dieta. Eu me tornei habilidosa cortando os cogumelos shitake em fatias milimétricas para conseguir escondê-los em seu prato. A questão dos cogumelos é especialmente difícil, porque Gracie é terrivelmente alérgica a cogumelos. Acabo cozinhando dois pratos separadamente para que ela não tenha problemas. Elena percebeu, um dia, quando me esforcei para tirar de Gracie o prato que ela havia pegado ao sentar-se no lugar da irmã à mesa.

Certas noites, sinto saudade de meus lanches, de comida congelada, dos nuggets de frango, dos pratos de preparo rápido e dos jantares fora de casa, sem precisar analisar o cardápio e poder dormir depois! Detesto ter de pedir aos avós que peguem de volta o doce que eles levaram para as meninas, ou a meu irmão que não compre um hambúrguer para sua filha, pois Elena pode querer um também. Mas, então, percebo que se essa é a única batalha que estou lutando direito, devo encará-la de frente. Na próxima semana, servirei tofu à Rosemary com alho-poró, alho e limão... delicioso!

Dia 103 – 11 DE MARÇO

Hoje foi o início da viagem dos sonhos de Elena, e dessa vez ela quer voltar para a Flórida. Duas semanas depois de seu diagnóstico, a coordenadora da fundação telefonou oferecendo-lhe a oportunidade de fazer qualquer coisa que quisesse. Mas, diante de um futuro incerto, nem ela nem eu queríamos falar sobre desejos. Ofereceram-lhe nadar com baleias, conhecer a Torre Eiffel, qualquer coisa. Mas depois de duas semanas de conversa, ela só queria nadar com os golfinhos – e isso, ainda, com a ajuda de Gracie. Acredito que isso serve para mostrar a simplicidade dos desejos de Elena. E apesar de perceber o valor dessa simplicidade em um momento de sua vida em que o controle é essencial, não posso deixar de pensar se seu conceito de férias algum dia passará da Flórida. Com o Grand Canyon a oeste, baleias a leste e muitos quilômetros para cobrir, ela ficaria mais contente se a levássemos para outro lugar? Afinal, ela já esteve na Disney World e no SeaWorld antes. Mas essa é a viagem dela e, no momento, é uma viagem fácil, dadas as circunstâncias. Ela nunca nadou com golfinhos antes, por isso, pelo menos, a experiência será nova. Amanhã certamente será o melhor dia de todos.

Para mim e para Brooke, a viagem assume um sentido diferente. Traz sentimentos de hesitação e melancolia que vêm acompanhados de exaustão pura e total. Percebo isso agora, quando me vejo cansado demais para dormir e faminto demais para comer. Mas, em vez de desejar biscoitos e meu travesseiro, sonho com o momento em que ela estará em remissão, e eu poderei descansar. O momento em que eu possa parar de sentir todos os segundos da vida e começar a vivê-los.

Nossa viagem a Orlando é especialmente importante, por ser nossas últimas férias planejadas no futuro próximo. Antes do câncer, isso não seria algo especial; sempre tiramos muitas férias e nunca as planejávamos com mais de três meses de antecedência. Mas, agora, com a possibilidade de essas serem as últimas férias de Elena, estou tão apreensivo que não quero que comecem. Afinal, se nãoem começarem, nunca terminarão... certo? Duas semanas atrás, Brooke e eu percebemos isso enquanto estávamos na plataforma da estação de trem na Disney World, pela última vez antes de sairmos do parque e irmos para casa.

Lá, percebemos que é impossível parar o tempo, independente de quanto amemos nossos filhos. Tiramos fotos, secamos as lágrimas, revivemos os momentos e a esperança de que nunca nos esqueceremos. Mas, ao final do dia, você olha para a frente, para de pensar e segue adiante, pois essa é a única maneira de sobreviver. Isso acontece principalmente quando lidamos com uma doença terminal; você lida com ela no presente e nunca para, com medo de não se reeguer. E então amanhã você começa tudo de novo. É um tipo de exaustão que não passa com descanso, e uma sensação que você nunca esquecerá.

Desta vez, quero que as férias sejam perfeitas. Por enquanto estão sendo. Nenhuma cara feia, nenhum choro, nenhum momento perdido. Esta é a missão impossível, mas missão, mesmo assim. A vida deve ser vivida, e eu sei disso. Viveremos quando estivermos em casa, e viveremos quando estivermos em Orlando. Para nós, viveremos até o último minuto, até cairmos de sono no computador ou à beira da cama dela. Podemos fazer isso em Orlando, e também aqui. Que venham os golfinhos!

Dia 104 – 12 DE MARÇO

Os golfinhos parecem enormes elásticos. Pelo menos foi o que Elena disse depois de nadar com eles. Apesar de ter dito que ontem foi o melhor dia de sua vida, enquanto estávamos sentadas esperando pelo papai e pela Gracie, ela me contou que hoje foi o melhor dia de sua vida, e que era isso com o que ela vinha sonhando. Tenho de admitir que hoje está entre os melhores cinco dias para mim. Não há nada como segurar minha filha enquanto ela vivia uma das aventuras mais incríveis de nossas vidas.

O dia começou com todos nós na fila para pegar nossos ingressos e Elena perguntando sem parar: "Podemos ir?". Acredito que sua voz estava mais forte hoje. Depois, enquanto esperávamos que o fotógrafo tirasse nossa foto, ela perguntou: "Podemos ir?". Depois, fizemos um tour *pelo parque. "Podemos ir?" Recebemos roupas e máscaras de mergulho. "Podemos ir?" Quando finalmente chegamos à beira do recife de corais, com o snorkel na mão, e entramos na água, Elena gritou: "Não quero ir!". A água estava congelante – 22ºC –, fria até para moradores de Ohio em férias na primavera. Por isso, depois de cerca de cinco minutos dizendo que ia morrer congelada, ela se acostumou com o frio e encontrou algo novo sobre o que reclamar: "Não quero que os peixes encostem em mim". Acreditei que não era a hora de lembrá-la de que estava a três horas de ter de tocar um peixe de duzentos quilos. Depois de dez minutos tentando convencê-la, nós mergulhamos nas profundezas da área de sessenta centímetros para ver os peixinhos de cinco centímetros. Quinze minutos depois, estávamos flutuando e raspando os joelhos no "fundo do mar" ao irmos para o lado fundo.*

Tenho certeza de que chamamos a atenção com duas menininhas gritando e esperneando em nossas costas, as minhas e as de Keith, enquanto desesperadamente tentávamos atravessar uma área de nove metros de profundidade sem colete salva-vidas. Mas então algo mágico aconteceu, quando Elena usou o snorkel corretamente. Apesar de gritar ao ver as arraias, algo que percebi pelo som abafado no snorkel, ela manteve a cabeça abaixada e foi na direção oposta. Por outro lado, quando vi a arraia, arranquei minha máscara e nadei como uma louca para o lado raso. Elena voltou a ser quem é. No Tennessee, nadaria por horas sem se cansar, e hoje parecia de volta à velha forma.

Depois de almoçarmos e de Gracie cantarolar com o reggae *tocado pela banda no restaurante, fomos ver os golfinhos. Infelizmente, Gracie não tem idade suficiente para nadar no tanque, então essa aventura foi para Elena e a mamãe. Ao sofrermos para entrar na água (porque continuava a 22ºC – não tão quente quanto você pensa!), os golfinhos começaram a nadar e a espirrar água para todos os lados. Elena disse: "Veja como eles estão animados! Eles devem saber que gosto de golfinhos, por isso devem estar contentes em me ver!". Os treinadores nos deram informações sobre os golfinhos; Elena os ignorou e gritou de alegria ao poder acariciar os golfinhos Coral e Roxy.*

Depois, foi o passeio com o golfinho, e para isso Elena não demonstrou medo. Coral decidiu levar Elena por um percurso cpmprido, e em vez de ir diretamente para o treinador, fez um ziguezague na água para tornar o passeio mais longo e Elena adorou! Apenas quando terminamos foi que percebi que Keith e Gracie tinham desaparecido. Aparentemente, Gracie dedidiu ir ao banheiro antes do passeio com o golfinho. É claro que o papai ficou um tanto desapontado. Felizmente, eles tinham um cinegrafista profissional que registrou o momento por apenas 50 dólares mais impostos.

Naquela noite, jantando sorvete, recontamos a experiência de uma vida e voltamos para o hotel para assistirmos ao vídeo. Então, coloquei Elena na cama e ela sussurrou para mim: "Isso foi tudo que eu sempre quis". Bastou para mim.

EIGNA

i love
xou
Mom
Elena

i Love
Yuo
Mom
DAD
Grace

MOM
Ilove
Mom
DAD

i love You
DAD
Mom
GRACE
Elena

Mom
DAD
and
Grace
love
i
You

i love
Mom
DAD
GRACE

parte 3: a vida após a progressão

Dia 107 – 15 DE MARÇO

DIZEM QUE OS sintomas de Elena não variarão. Os médicos afirmam que quando ela estiver sem voz e com dificuldade de caminhar, vai manter essa condição, sem alterações. Hoje, me questionei se isso é verdade. Depois de um dia ótimo ontem, passeando pela Disney, Elena acordou hoje de manhã sussurando e com problemas nos pés. A princípio pensamos que ela estava apenas tentando chamar a atenção, por isso ignoramos seus sinais de mão ao pedir mais suco, e a forçamos a falar. Ela tentou, mas percebemos que ela estava tendo problemas. Coincidentemente, hoje é o terceiro dia depois de sua última dose de esteroides.

Brooke diz que estou errado em esperar que Elena se recupere totalmente. Que a falta de voz e um leve mancar devem ser as últimas coisas com que devemos nos preocupar diante desse tipo de câncer. O pior é que sei que ela tem razão. Apesar disso, não tem nada pior que ver seu filho sendo vítima de algo que você nem ele conseguem controlar. Como pai, não aceitamos nada além de saúde perfeita. Afinal, essa não é a bênção da infância: saúde perfeita e uma vida inteira de oportunidades? E Elena está tendo as duas coisas negadas.

Mesmo assim, nós nos mantemos positivos e nos concentramos no presente. Mas Elena não pensa da mesma maneira. Todas as manhãs acorda sorrindo, mas logo se entrega à depressão quando sai da cama e se lembra de que seu pé não é mais o mesmo. Isso se torna ainda mais evidente agora que, de férias, estamos dormindo todos no mesmo quarto e vemos como ela reage a essas dificuldades. E quando ela se aproxima para dizer bom dia, sua alegria logo dá lugar à tristeza quando tem de gesticular seus cumprimentos, porque não conseguimos entender suas palavras. A partir daí, o dia traz depressão e frustração, enquanto ela tenta tomar o café da manhã, quando tenta nos dizer o que quer vestir e o que quer fazer. E, na hora do almoço, ela já está cansada, incomodada e irritada. Na hora do jantar, mal consegue comer, e só quer dormir. Não porque não quer comer, mas simplesmente porque não aguenta mais tentar. Esta noite foi uma daquelas em que nos esforçamos para mantê-la acordada até depois das sete da noite para alimentá-la. Ela comeu um ovo e metade de uma salsicha. Qualquer outra tentativa foi recebida com choro.

Esta certamente não é nossa pior batalha, e tanto Brooke quanto eu sabemos que estamos apenas começando. Mas como dizer a uma menina de seis anos que ela deve se manter firme quando tudo que ela deseja é parar? Permitimos que ela faça escolhas diárias, como quais roupas vestir, quais atividades realizar e o que comer, numa tentativa de devolver parte de seu controle, mas até mesmo isso é recebido com lágrimas. Esta noite, não nos importamos nem um pouco com alimentos orgânicos, e só queríamos que ela retomasse um pouco de controle comendo qualquer coisa. *Fast-food* já estaria bom. Ela se negou, e escolheu tomar café da manhã no restaurante Denny's. Mas, mesmo lá, tivemos de forçá-la a comer mais do que três pedaços de seu ovo.

Hoje não foi um bom dia; esperamos que amanhã seja melhor. Com a chuva se aproximando da cidade, parece que nosso passeio para andar de caiaque com peixes-boi será cancelado. Hoje a praia estava boa, mas com o vento forte e a temperatura de 20ºC, mal conseguimos passar meia hora na areia, e voltamos para o calor do quarto do hotel. Não foi o que planejamos, e levando em conta a frustração de Elena, não é do que ela precisa no momento. Conforto, relaxamento e controle são os segredos para que ela retome a autoestima.

Dia 108 – 16 DE MARÇO

Elena sempre foi a que cuida, e Gracie sempre foi a que diverte. Quando Elena via bebês, cãezinhos e gatinhos, arregalava os olhos, surpresa. Gracie não presta atenção; nunca se interessou por pessoas mais novas que ela nem por animais de nenhum tipo. Depois do diagnóstico, Keith e eu nos preocupamos muito sobre como Gracie enfrentaria o inevitável aumento de atenção a Elena. Gracie sempre gostou de ser o centro das atenções, e Elena sempre preferiu ficar em seu cantinho, desenhando ou lendo seus livros. Mas o destino forçou as duas a entrar em uma realidade à qual não estavam acostumadas e da qual não gostavam.

Depois de três meses no novo ambiente, Elena aprendeu que simplesmente tem de sorrir e se esconder atrás da mamãe e do papai, e, por fim, a atenção irá para outro lugar. Mas Gracie ainda estava tendo problemas com a nova situação.

Conforme a fraqueza de Elena começou a aumentar em seu lado direito, hoje Gracie se tornou uma mistura das duas personalidades, extraindo o melhor delas. Enquanto Elena passou o dia todo sendo empurrada na cadeira de rodas, ficando com o assento da frente na montanha-russa e experimentando o algodão-doce (apesar de os vinte pedidos anteriores de Gracie terem sido veementemente negados), Gracie andou o parque todo, perguntou a Elena se ela gostaria de ir na cadeira da frente e até agradeceu à irmã por dividir o algodão-doce.

Quando voltamos para o quarto e Keith e eu começamos a arrumar as malas enquanto as meninas se preparavam para jantar, escutamos uma conversa muito surpreendente entre as "moças". Elena estava reclamando, pois queria pentear o cabelo e sair para jantar. Gracie conversou calmamente com a irmã, com uma voz contida, como uma negociadora habilidosa. "Não se preocupe, Lena. A mamãe pode amarrar seu cabelo para ele não ficar solto. Quer?" E continou: "Quer escolher o restaurante de hoje, Lena? Vou deixar você escolher o restaurante para que possa comer o que quer. Você vai ficar feliz assim, Lena?". Ela até se ofereceu para segurar a lancheira nova da baleia Shamu de Elena, enquanto ela tentava entrar no carro para irmos jantar.

Não existem mais brigas – OK, não existem as brigas constantes –, e agora temos duas mocinhas muito crescidas. Sempre olhávamos para Gracie e nos perguntávamos quando ela deixaria de lado as atitudes engraçadinhas e o sorriso contagiante, mas ela foi muito mais rápida do que poderíamos ter imaginado. Assumiu o papel da irmã mais velha em razão da situação de Elena. Fico impressionada com o desapego que ela tem demonstrado nesta viagem. Ela sabia que esta viagem era para Elena, e nem uma vez reclamou por não estarmos fazendo o que ela queria. Somente hoje Gracie perguntou, com gentileza, se podíamos jogar golfe em casa, já que nosso passeio ao minicampo de golfe no centro de Orlando fora cancelado por causa do cansaço de Elena. Amanhã voltamos para casa.

De certo modo, fico feliz com essa mudança de atitude e com a esperança de que Gracie consiga lidar bem com a atenção mais voltada a Elena. Mas, por outro lado, receio como essa nova e madura Gracie lidará com o que acontecerá, seja lá o que for. Sob alguns aspectos, era mais fácil ver as duas brigando o tempo todo do que vê-las tão dependentes uma da outra. Em um mundo no qual nossas meninas são forçadas a crescer rapidamente, tenho orgulho por elas serem minhas filhas.

Dia 110 – 18 DE MARÇO

Quatro meses atrás, a "hora das cócegas" era nosso único ritual noturno. Era o momento do dia em que eu me aproximava e corria atrás das meninas, escada acima, para fazer cócegas e colocá-las na cama. Gracie sempre assumia o papel de vítima, fingindo tropeçar na escada, apenas para poder ser pega antes e receber mais cócegas. Elena, sempre disposta a competir, corria logo para a cama e depois perturbava Gracie com sua vitória. Ao final da noite, depois de fechar as portas e apagar a luz, Elena me chamava e calmamente informava que Gracie tinha recebido mais cócegas e que ela merecia mais, já que tinha sido a primeira a se deitar. E eu, claro, sempre concordava.

Agora, nosso ritual da hora de dormir envolve muito mais do que cócegas e um beijo. Em primeiro lugar, temos de ler. Os livros de Junie B. continuam sendo os favoritos, desde que a mamãe leia. Minha responsabilidade é fazer massagem nos pés. Acredito que não preciso mudar a voz para essa tarefa. Claro que não podemos nos esquecer de Gracie, por isso tenho mais um par de pés para massagear. Estou esperando pelo dia em que Brooke vai pedir que eu massageie seus pés também.

Depois, vem a água benta. No primeiro mês, vinha aos litros. E apesar de eu nunca ter sido a pessoa mais religiosa do mundo, não posso deixar de acreditar que isso também tem seu efeito. E com quatro tipos de água benta de locais que eu nem sabia que existiam antes dessa experiência religiosa, temos uma bela coleção da qual escolher. Então, vamos de garrafa em garrafa e às vezes usamos os quatro tipos, dependendo do humor de Elena durante o dia e de nosso estado emocional. Não faço ideia de como usá-la, mas acredito que o melhor é aplicá-la perto do tumor, então ela vai para a nuca. Hoje à noite, pela primeira vez, Gracie percebeu e agora ela também ganha uma dose de água benta em sua nuca. Fico me perguntando quanto tempo demorará até que ela peça para fazer os mesmos tratamentos de quimioterapia de Elena também.

E por fim, mas não menos importante, vem a hora das cócegas. E como sempre, Elena é a primeira a se deitar. E Gracie cai no chão para poder ser levantada no colo antes. Costumo me perguntar se esse é o tratamento mais eficiente de todos. Sei que é aquele do qual nunca me esquecerei. Veja, um tratamento bem-sucedido deve ir além de apenas tratar o tumor; deve também tratar o paciente. E nada traz um sorriso maior a Elena do que uma dose de cócegas. É claro que eu também sorrio ao perceber que nos aproximamos ainda mais. Desculpe, Gracie. Elena foi a primeira.

Dia 111 – 19 DE MARÇO

A língua de sinais voltou. Com a voz de Elena ficando cada vez mais congestionada e sua habilidade vocal diminuindo, ela voltou a usar os sinais de mão e as letras. E apesar de estar conseguindo esconder bem a fraqueza de sua perna direita, estamos preocupados com sua fala e com o reflexo de deglutição. As refeições deixaram de ser simples, já que as porções devem ser cortadas em pedacinhos e ela começou a evitar alimentos duros, com medo de engasgar. E apesar de ainda não estarmos à base de sorvete e suco de maçã, é desanimador, no mínimo. Brooke e eu torcemos para que seja apenas inchaço, e não progressão. Com a ressonância marcada para a primeira semana de abril, logo saberemos.

Dia 113 – 21 DE MARÇO

Nossa vida se tornou uma teia de contradições. Um paradoxo do que é e do que pensamos que seja Hoje foi um dia bonito. Ensolarado, quente e um pouco de primavera soprando das áreas do projeto de reforma de nossa casa. Em qualquer outro dia, teria sido perfeito. Brooke e eu aproveitamos a oportunidade e saímos cedo do trabalho para pegar as meninas. De lá, fomos para casa para aproveitar as primeiras horas da tarde empurrando as meninas no balanço do quintal e cantando "Old McDonald" na janela da casa de boneca. Essa foi a primeira vez que aproveitamos nosso quintal desde outubro passado, quando nossas vidas eram muito mais simples. E no momento precisávamos muito disso. Elena e Gracie escalaram, balançaram e pularam, enquanto Brooke e eu desejamos ter de volta o desconhecimento, a alegria e o idealismo. Elas, com uma amiga, comeram biscoitos e soltaram borboletas ao vento, enquanto eu observava todos os passos de Elena com preocupação e medo. Desejamos que o mancar desaparecesse e que só tivéssemos de nos preocupar com as picadas de pernilongo de novo. Mas não tivemos essa sorte.

Hoje, o humor de Elena estava melhor, mas sua situação piorou. O mancar e a perda da voz ficaram piores e agora estão acompanhados de uma leve dor de cabeça; além diso, ela baba um pouco, tem dificuldades para engolir e está com a visão dupla, todos sintomas que já vimos antes. E apesar de estarmos acreditando que isso se deve ao inchaço, temos nos conscientizado de que também pode ser progressão, e que nosso tempo pode não ser meses, mas, sim, semanas.

As pessoas perguntam como estamos. Dizemos "Bem", mas hoje isso não é mais suficiente. Elas perguntam de novo, e sabemos que querem a resposta real. Então, balançamos a cabeça, damos de ombros e dizemos: "Você sabe como é". Mas a verdade é que elas provavelmente não sabem, e nós não queremos que nos lembrem. Por isso, seguimos com nossos dias e encontramos conforto em nossa rotina. São as coisas simples que nos mantêm em pé. Dobrar as roupas, esvaziar a lava-louça, realizar reuniões, telefonar para os clientes; são distrações nas quais mal conseguimos nos concentrar, mas que nos permtitem seguir em frente. E por um minuto, ou mesmo uma hora, nossa mente para de se voltar para o futuro, enquanto nosso coração não para de nos fazer lembrar de Elena. Como estamos? Bem, desde que não paremos. Bem, desde que Elena não pare.

Amanhã, "bem" não vai servir. Elena tem outra ressonância magnética marcada. Esta não estava planejada. Com os sintomas recentes, tememos que o tumor tenha aumentado. O que fazer a partir de agora? Se for progressão, continuamos com a quimioterapia? E se não for, quais são nossas opções? Pode ser que outras medidas só estejam disponíveis daqui a um mês, então mantemos uma alternativa holística? Começando hoje, não existem opções melhores, porque ninguém sabe. Esta é a parte da medicina que deixa de depender da ciência e começa a depender da fé. Mas o que é a fé? É a fé de que vamos tomar a decisão certa ou a fé de que tudo está nas mãos de Deus? E já que não podemos nos livrar dessa decisão, estamos percebendo a influência pequena que temos na situação de Elena e quanto não podemos resolver. Não fico satisfeito com isso, mas não importa. Mais uma vez, temos pouco controle, e é isso o que devo aceitar. Mas, de certo modo, sei que Elena poderia alcançar muito mais se tivesse chance, e rezo por essa chance.

Por fim, tomaremos essa decisão, e ela provavelmente será tomada amanhã. Depois disso, Deus vai mostrar o caminho. Esperamos que Ele também dê a Elena e a nossa família a oportunidade de fazer mais para curar esse tipo de câncer de todas as crianças. Só pedimos tempo e orientação. Os dias ensolarados não são muito frequentes.

Dia 115 – 23 DE MARÇO

Então é essa a sensação. Senti um pouco dela quando nos contaram sobre o tumor de Elena, cerca de três meses atrás. É claro que não acreditamos em nada do que disseram. Quando nos disseram, ontem à noite, que o tumor quase dobrou de tamanho, passamos pela negação, pela ansiedade, e pela raiva novamente. Mas, dessa vez, foi real. Dessa vez, olhei ao redor, mas não vi; escutei o que eles estavam dizendo, mas não compreendi; e minha escrita saiu borrada, pois minha mão tremia de medo. E durante a consulta toda, só conseguia dizer a mim mesmo para manter a seriedade, a concentração e a respiração. De alguma forma eu começaria a entender. De alguma forma tudo faria sentido. Sim, a área do tumor havia aumentado, mas eu não fazia ideia do que isso significava. Infelizmente, até mesmo hoje, depois de passar a noite toda ontem lendo tudo que consegui encontrar, ainda não me sinto mais confiante em nossa decisão.

Agora, precisamos também analisar a qualidade de vida de Elena. Arriscamos tudo e tentamos mais uma cura, independente de sua condição? Pegamos o caminho seguro e tentamos o remédio que nos dá mais uma semana, mas que sabemos que não resolve? Ou abrimos mão da medicina, oferecemos conforto e tentamos o caminho natural? Infelizmente, nunca pensamos que teríamos de tomar essa decisão agora. Não com nossa filha, e não antes do tempo que eles disseram que teríamos quando o diagnóstico foi feito. Mas esse tumor é anormal, e isso significa um grande câncer. O pior tumor, o menos compreendido, crescendo no pior lugar a uma alta velocidade, superando qualquer expectativa. Preciso de um dia normal agora.

O que fazer agora? Na segunda-feira, Brooke e eu teremos de tomar uma decisão com a qual não sabemos lidar e para a qual não estamos preparados. Os especialistas dizem que eles simplesmente não sabem, enquanto todas as outras pessoas dizem que devemos seguir nosso coração. Estou tentando escutar, mas meu coração não está falando. Só dói. Sempre pensei que "dor no coração" fosse uma expressão. Agora sinto essa dor todos os dias. É um vazio no peito que tento encher com trabalho, humor bobo e, às vezes, comida, mas a realidade é que só aprendemos a ignorá-lo com o tempo. No momento, continuo tentando preenchê-lo com esperanças, mas, sempre que faço isso, os médicos que dizem que nunca viram sobreviventes, acabam com nossa esperança na mesma hora. O que houve com os 2% de índice de sobrevivência? Foi apenas uma mentira para permitir que dormíssemos nos últimos três meses? Se foi, por que não dizer 98% então?

Agora, tomaremos uma decisão sem base em números ou informações. Se acreditarmos ser um inchaço, então devemos continuar com a terapia. Se estivermos certos, ela terá mais alguns meses de sobrevida. Se não, ela terá sorte se tiver mais duas semanas. Se acreditarmos ser a progressão, então mudamos o remédio. Se estivermos certos, então ela ganha mais um mês. Se não, e for mesmo um inchaço, perderemos os poucos meses que teríamos se tivéssemos ficado com a quimioterapia de antes, e ficamos com duas semanas. E apesar de cada opção envolver apenas semanas, são semanas preciosas. Novos tratamentos e possíveis curas surgem todos os dias, e será apenas uma questão de tempo até *a* cura ser testada em um paciente como Elena. Então, a longo prazo, até mesmo uma semana pode representar uma vida inteira.

A decisão é só nossa, mas por enquanto aproveitamos todos os momentos.

Dia 116 – 24 DE MARÇO

Hoje conversei com outro pai. Seu filho faleceu há um ano. E agora ele é um membro de um clube exclusivo: um clube para pais que perderam seus filhos. Então, agora luta por uma causa no tempo em que, antes, passava com o filho em jogos de beisebol, fazendo a lição de casa ou ensinando-o a andar de bicicleta pela primeira vez. Ao fazer isso, a causa preencheu sua vida e um vazio. Nunca substituirá seu filho, mas para ele tem a ver com salvar a próxima criança.

Ele me conta que o segundo pior dia de sua vida será quando todos se esquecerem de seu filho. Hoje, não posso nem pensar nisso. Não estou pronto para isso, e não quero entrar para esse clube. Não quero uma causa. Quero minha filha. Duvido que terei a determinação ou a dedicação de lutar nessa batalha se perder Elena. Para mim, tudo gira em torno dela, e nada mais. E apesar de detestar o tumor e o câncer, essa luta nunca será tão pessoal quanto foi com minha filha. Talvez eu esteja errado, e talvez um dia seja eu do outro lado da linha, mas, por enquanto, escuto e aprendo.

Conversamos sobre as pesquisas ou a falta delas. Parece que assim como para nós, para os pais antes de nós o câncer também foi muito pessoal, tendo mais a ver com seus filhos do que com uma causa. E quando eles perderam, a doença ganhou. A família pesarosa seguiu adiante, os pesquisadores encontraram outras especialidades para estudar, e uma criança foi esquecida. E, hoje, com Elena, temos poucas opções. E agora converso com outro pai sobre o segundo pior dia de sua vida, em vez de falar sobre a esperança de salvar mais uma vida.

Não é culpa de ninguém. Não é mesmo. Não podemos passar por isso sozinhos; só vai funcionar se trabalharmos juntos. Mas eu sou tão culpado quanto todo mundo. E ainda não sei se conseguiria ajudar. No momento, só consigo pensar em Elena. E nesse aspecto, sou impotente.

Em vez de falar sobre esquecer nossos filhos, vamos começar o dia de amanhã falando sobre lembrar deles e de seus sacrifícios. Eles não são vítimas – são guerreiros. Elena também é, assim como centenas de outras crianças que travam essa luta diariamente.

Dia 117 – 25 DE MARÇO

Os momentos de silêncio são frequentes agora. Com a voz de Elena ainda bastante fraca, sempre que estamos perto de um grupo grande de pessoas ou perto de desconhecidos, ela se fecha em sua concha. Balança a cabeça, e só. Ela sabe que não pode falar acima das outras vozes e que os desconhecidos não conseguem entender o que ela está dizendo, por isso simplesmente se cala. Em um desses momentos de silêncio, ela me perguntou por que não permito que ela pinte as paredes. Não sei bem de onde ela tirou isso, mas eu certamente poderia mudar isso. Assim, com quatro paredes branquinhas na casa de boneca pedindo uma decoração, procuramos por roupas velhas.

Nunca tinha percebido como nossa filha é menininha, mesmo, até ela começar a chorar no quarto porque não queria vestir roupas velhas. Ela queria ficar bonita. Depois de convencê-la de que seria apenas temporário, passamos pelas poças de lama em nosso quintal e chegamos à casinha de bonecas que o papai havia feito nos dias em que tínhamos tempo livre. Abrimos latas de cores vivas e as meninas começaram a trabalhar. Dez minutos depois, elas estavam cansadas de pintar, então a mamãe pintou flores, aves e nuvens para terminar as partes vazias. As meninas colocaram suas marcas de mãos nas paredes e então corremos para dentro para lavar as de Elena, pois a tinta cor-de-rosa a estava deixando incomodada. E pensar que lhe daríamos todas as paredes para pintar se ela tivesse tempo.

Dia 118 – 26 DE MARÇO

A montanha-russa emocional continua. E apesar da situação de Elena estar melhorando a cada dia (graças a uma dose grande e diária de esteroides que deixaria envergonhado até um jogador de basquete), sempre nos lembramos de que temos um futuro incerto adiante. A partir de amanhã, esperamos que a paralisia retorne e a voz volte a ficar fraca, conforme formos reduzindo os esteroides para uma dose controlável. Esperamos que essa dosagem continue sendo dada por dias, semanas, e meses, e anos. Mudanças de humor, inchaço e noites em claro serão mais constantes à medida que os esteroides forem fazendo efeito.

Com a ressonância magnética indicando inchaço/crescimento do tumor, recebemos um telefonema do médico de elena para falar sobre sua impressão a respeito das imagens. Esse telefonema muito esperado foi fonte de preocupação não apenas para mim e Brooke, pois teremos de tomar uma decisão em breve, mas também para os avós e parentes que telefonavam de hora em hora para receber um relatório com as novidades. E, de certo modo, pensamos que esse telefonema do médico nos acalmaria.

O que não esperávamos era um telefonema da equipe nos informando que eles acreditavam que o interior do tumor podia estar crescendo, mas que também podia estar morrendo. Essencialmente, a parte morta da massa de célula crescendo poderia influenciar o crescimento que estamos vendo. Não me pergunte como isso é possível, pois é o que ainda precisa ser definido, mas não é preciso dizer que isso mudou bastante a situação. Agora acreditamos que pode se tratar de progressão, e também acreditamos que pode ser a radiação causando crescimento de células mortas ou necrose. Agora estamos bem no meio. Uma decisão difícil ficou mais difícil ainda. Esta noite será longa.

Dia 119 – 27 DE MARÇO

Quanto custa um sorriso? Exatamente 229 dólares mais impostos. E é possível comprar um no corredor das bicicletas do supermercado. Mas não se esqueça de ir com um caminhão para levá-la para casa, porque, caso contrário, você terá de dobrar todos os bancos para encaixar esse sorriso na parte de trás do carro. E prepare-se para "alguns ajustes". Para ter um sorriso, é preciso apertar muitos parafusos, roscas e unir peças de diversos tipos. É claro que sempre haverá o parafuso e a rosca extras, mas não se preocupe, pois você vai logo descobrir onde eles se encaixam quando levar o sorriso para fazer um *test drive*. Três horas depois, tudo vai estar pronto. E pelo resto do dia você vai aproveitar o sucesso. Eu consegui. É roxa e rosa, com quatro rodas e uma bateria para ajudar nos movimentos. É um jipe da Barbie, e é exatamente o que Elena sempre quis. Mesmo com os esteroides, consegui um ou dois sorrisos. Pena que perdi a câmera depois de registrá-los. Espero encontrá-la amanhã, caso contrário, o sorriso se tornará mais caro.

Muitas vezes este diário foi usado para registrar as "últimas" coisas, e não as "primeiras". Acredito que quando alguém passa por um sofrimento como o nosso, sendo pai, começa a pensar desta maneira. Começa a dizer a si mesmo: "Esta é a última vez em que ela visitará a casa dos avós" ou "Esta é a última vez em que irá à Disney" ou "Está é a última vez que assistirá ao *Quebra-nozes*". De certo modo, é assim que nos preparamos para o pior. Então, se o pior acontecer, não nos ferimos. Se não acontecer, ficamos surpresos. De qualquer modo, a dor não vai matar.

Apesar disso, é o pensamento diário que acaba com a esperança e com as vidas. Em vez de falar sobre as últimas vezes, precisamos começar a falar sobre as primeiras. Afinal, os primeiros três anos da vida dela giraram ao redor das primeiras vezes: o primeiro passo, o primeiro passeio de bicicleta, as primeiras palavras. Por que dessa vez não podemos falar das primeiras vezes? Da primeira experiência nadando com um golfinho, do primeiro vestido chique, da primeira vez no toboágua. É uma maneira muito melhor de enfrentar a vida. Só é preciso ter esperança.

Esta noite a esperança foi desafiada pela realidade. Faz três dias desde que recebemos as notícias, e Brooke e eu ainda não tomamos a decisão a respeito do que fazer com a terapia de Elena. Não porque não conseguimos ou porque não temos todas as informações. Na verdade, temos informações mais do que suficientes e muito conhecimento específico de todos os lados. Estamos na nada invejável posição de decidir o destino de Elena. Pior ainda: nenhuma opinião apoia outra. Então, o que devemos fazer? Não há uma mudança que possa ser o melhor caminho. Então, o que fazer?

Com a recuperação recente de Elena em razão dos esteroides (ela está andando, falando e engolindo muito melhor), podemos decidir assumir uma atitude de "esperar para ver" e reavaliá-la na próxima semana. É quando faremos nossa viagem mensal a Memphis e teremos a chance de realizar uma quinta ressonância magnética. Talvez, então, a decisão seja mais clara e outra semana de redução da dosagem de esteroides nos dê esperança de que seja inchaço. Lá vem a esperança de novo.

Dia 120 – 28 DE MARÇO

O papai é bobo. Enquanto ele precisa de um jipe da Barbie, eu ganho sorrisos de graça o dia todo, principalmente hoje. Ao ler este diário, as pessoas podem pensar que Elena e Gracie são grudadas no pai; não é bem assim. Nesta casa, na maior parte do tempo, somos três contra um. O papai ainda ganha os socos, e eu os beijos. Hoje, por exemplo, Gracie fez carinhos e coçou minhas costas, enquanto Elena praticava sua terapia com os socos de mão direita na barriga do papai. Um dia, ele vai aprender que os beijos funcionam muito mais do que as cócegas. Até lá, Elena vai fazendo sua sessão diária de terapia. Vejo que isso pode ajudar no futuro, em sua carreira de boxeadora.

Hoje Elena estava sinceramente feliz. E exceto quando o papai teve de deixá-la na escola, todo o resto foi bem. Ultimamente, ela tem se apegado demais a Keith e a mim de manhã. Assim, as despedidas são altamente emotivas na porta da escola. Não é que não queira ir para a escola; ela adora ir para lá, e não para de falar sobre a escola quando a buscamos. Mas é que não quer se afastar de nós dois.

Esta noite, enquanto eu a preparava para dormir, ela me disse que achava que não passávamos tempo suficiente juntos, como uma família. Eu concordei. Mas também sei que Elena adora seus amigos e sua professora. Acredite: deixá-la na escola é uma das partes mais difíceis do dia para mim também (apesar de acreditar que lido melhor com isso do que seu pai, o "Sr. Sentimental"), mas sei que é disso que Elena precisa para sair de seu mundinho. De certo modo, tem importado mais a terapia emocional do que os estudos. Para nós, é uma chance de voltarmos para a vida normal também, enquanto fingimos que está tudo bem e exatamente como era quatro meses atrás.

Dia 122 – 30 DE MARÇO

Nós a chamamos de "Sally Esteroide". Ela fica de um lado para outro à noite, sempre tímida, irremediavelmente faminta e irritada. E não é nossa Elena. É por isso que a chamamos de "Sally Esteroide".

Na noite passada, Sally Esteroide começou o dia cedo. Mais especificamente à 00h10. Foi a minha vez de dormir no seu quarto.

Eu me deitei às 23h45. Ela acordou às 00h10. Manteiga de cacau foi a emergência do momento. De repente, ela se lembrou de que havia deixado sua manteiga de cacau para os lábios no bolso da calça que vestira no dia anterior e precisava dela naquele instante! Eu, por minha vez, havia acabado de alcançar o estágio do sono profundo. Minha lógica estava distante, minha memória, horrível. E antes de acordar de verdade, eu já estava no meio do corredor, em busca da calça *jeans* que ela havia usado no dia anterior. Dez minutos depois, encontrei-a e voltei para o quarto de Elena, mas a encontrei dormindo profundamente na cama. E a manteiga de cacau era uma emergência!

À 1h30, ela acordou de novo. Dessa vez, sentou-se chamando meu nome. "Papai, papai, *papai*, *papai*, *papaaai*, *papaaaaaiii*!". Eu acordei. Ela disse: "Preciso da minha saia". Eu escutei: "Eu alimento meu passarinho". Obviamente não foi por isso que ela acordou de novo. E ela nem tem um passarinho. Ela repetiu, ficando cada vez mais frustrada com sua voz limitada e com minhas tentativas ruins de ler seus lábios no escuro. Depois da quinta ou sexta vez, finalmente consegui. Mas uma saia não parecia motivo suficiente para acordar no meio da noite. Garanti-lhe que pegaríamos sua saia de manhã. Dois minutos depois, ela voltou a dormir. Eu fiquei acordado por uma hora.

Às 4h18, ela voltou a acordar. Dessa vez, sentou-se, chamou meu nome e disse: "Preciso dizer uma coisa". Eu me sentei e prestei atenção. Ela não disse nada. Atravessei o quarto, tentando imaginar se agora ela queria falar da saia ou de uma moeda dentro do bolso de seu casaco. Ela não disse nada, apenas se recostou no travesseiro. E logo a escutei roncar. Ótimo, agora ela estava não apenas me acordando, como também sonhando que me acordava. Exatamente como sua mãe. Como eu ia pensar que isso era genético? Desisti e desliguei o alarme. Um dia vou usá-lo. A mamãe vai ficar acordada amanhã à noite. Mas até lá, a dose de esteroide será reduzida e ela vai voltar a dormir a noite toda. Seja como for, vamos enfrentar. Boa noite, Sally Esteroide.

Dia 125 – 2 DE ABRIL

A esperança surge de muitos modos. Hoje, surgiu na forma de limusine. Dessa vez, foi uma branca. E pensar que estávamos esperando por um ônibus escolar. Na escola, na sexta-feira, a professora de Elena perguntou se estávamos prontos para a segunda-feira. Mal sabia eu que todos os funcionários da escola já tinham planos para o seu primeiro dia de férias. Quando a limusine chegou às dez da manhã, não sabíamos o que esperar. E depois de seis manobras para virar em nossa rua de 90 metros de largura com uma limusine de cem metros, partimos.

No caminho, não apenas descobrimos pistas do que a tarde reservava, mas também redescobri minha família. Vimos a risada escondida de Elena, as lágrimas da mãe e o amor de Gracie pelas coisas dentro da limusine. Todos os botões que havia para apertar ela apertou. Tudo o que havia para beber ela bebeu. E todos os assentos não ocupados a atraíam, pelo menos por dez segundos. Felizmente a mamãe encontrou os cintos de segurança.

Logo chegamos ao nosso primeiro destino: o museu de arte. Imediatamente Elena reconheceu o local, virou-se para mim e disse que havia estado ali três vezes antes. Aquela era a quarta e, como o museu costuma fechar às segundas-feiras, dessa vez seríamos os únicos visitantes ali. Sabendo que Elena passaria o resto da semana no hospital, as professoras mexeram alguns pauzinhos para fazer o museu receber uma única visita na segunda-feira. E assim, passando entre empregados, faxineiros e curadores, Elena realizou um *tour* personalizado por alguns dos quadros mais famosos do museu. Ali, ela viu arte norte-americana, contemporânea, esculturas, arte impressionista, e até as instalações de arte multimídia. E também passou um tempo com seus amigos Vincent e Pablo, como agora os chama.

De volta à limusine, soubemos que a próxima parada seria um piquenique no parque, diante de um lago. Mas não era qualquer refeição; em nosso caso, as professoras tinham preparado um almoço orgânico para Elena, em uma cesta tradicional de piquenique. Parece que elas analisaram o almoço de Elena no último mês e meticulosamente compraram tudo de que ela mais gostava para esse piquenique especial.

Nossa lembrança do dia foram o bom tempo, as belas-artes, o piquenique perfeito e o tempo em família. Enquanto nos preparamos para a viagem ao hospital que faremos amanhã, ansiosos com as notícias que não queremos escutar, sentimo-nos confortados com o apoio das professoras e dos colegas de escola de Elena. Também encontramos, na limusine, uma manta feita à mão pelas suas professoras e colegas. Uma manta de amor e apoio feita por uma comunidade da qual nos orgulhamos de fazer parte, e decorada com as marcas de mão de todos os alunos da escola. De certo modo, essa foi a verdadeira obra de arte do dia, e bastou por si só.

Foi esperança, uma esperança que precisamos desesperadamente, e esperança que devemos manter ao longo da vida de Elena, até ela completar 100 anos. Independente de nossos contratempos e da regressão, percebemos que havia mais do que uma família de quatro membros dentro da limusine, pois naquela manta havia uma comunidade de centenas de pessoas.

Dia 128 – 5 DE ABRIL

Nunca havia tido um herói antes. Claro que já tive modelos de comportamento, e até mentores, mas não posso dizer que tive um herói. Em minha mente, herói sempre foi alguém que representava força, coragem, integridade e a capacidade de fazer o impossível. E agora, sendo pai, tenho uma heroína em minha filha. Sua força e coragem ao longo dos tratamentos têm sido impressionantes. Nesses últimos quatro meses, ela viu sua capacidade de falar, caminhar e se alimentar desaparecer, e depois as viu voltar e, agora, desaparecerem de novo. Apesar disso, sua determinação nunca diminuiu, e sua coragem de continuar sorrindo parece infinita. Sua integridade é inquestionável – Elena nunca soube mentir –, e sua preocupação com os outros, apesar de sua luta, é algo milagroso. Só posso esperar que ela faça o impossível. Ela vai superar outra regressão e triunfará sobre a doença que tem levado muitas vidas. Então, ela poderá ajudar os outros a triunfar em sua luta com o impossível.

Esse é o sonho, e minha heroína é capaz de realizá-lo.

Dia 135 – 12 DE ABRIL

Há 135 dias nossas vidas mudaram para sempre. Há 135 dias fiquei sentado no escuro segurando sua mão no hospital. Há 135 dias eles nos disseram que ela tinha pouco mais de quatro meses de vida. Há 135 dias. Foi quando começamos um diário para Gracie, que contaria a história de sua irmã. Há 135 dias.

Centro e trinta e cinco dias contam a história de uma menina e de sua família, uma família envolvida em uma luta que tememos, mas que esperamos que nunca termine. Amanhã começaremos uma nova jornada, e é certo que será uma nova fase. No dia 28 de novembro, começamos o estágio 1: desespero. Foi quando tomamos conhecimento do câncer e descobrimos a incapacidade da medicina de curá-la. O estágio 2 trouxe raiva: raiva por isso estar acontecendo com nossa filha e por isso ter acontecido. O estágio 3 foi quando aprendemos a lutar. E com incontáveis livros sobre oncologia e pesquisas matinais na internet, começamos de fato a entender essa doença. O estágio 4 trouxe desespero, aumentado pelas informações que havíamos reunido.

Uma coisa é sentir-se sobrecarregado com a complexidade da doença, mas outra é se sentir impotente ao perceber que sabemos quase nada a respeito de como ele cresce ou de como curá-lo. Podemos ter todos os melhores especialistas, os melhores hospitais, e até fontes ilimitadas, e ainda estarmos perdidos, sem a cura.

Não há como aprender ou comprar uma maneira de sair de uma doença terminal.

A determinação, a fé e um pouco de sorte são as melhores esperanças. O estágio 5 fez com que tentássemos preservar a vida de Elena. Compramos placas de concreto para deixar as mãos marcadas, pedimos a ela que pintasse as paredes e guardamos todos os papéis nos quais ela rabiscava. Mas, agora, no dia 135, percebemos que esses estágios foram prematuros e irrelevantes. Elena continua lutando todos os dias, e continuará assim. Ela está superando as expectativas, como esperávamos que aconteceria. Os estágios terminam aqui, e a vida começa.

O diário foi iniciado tarde, certa noite, e continua sendo atualizado tarde da noite. De modo interessante, Elena começou seu diário hoje, um diário que ela ganhou na cesta de Páscoa. Acredito que ela pensou que, se eu posso escrever, ela pode desenhar. Para não ficar de fora, Gracie começou o próprio diário também. Mas em vez de dizer diário, ela diz algo parecido com "diarreia". Hoje, na hora do jantar, ela disse, toda orgulhosa, depois de comer seu feijão, que "começaria sua diarreia". Foi muito engraçado. Mais uma vez, Gracie nos ensina a viver com bom humor e sorrindo. E é isso o que pretendemos fazer. Todo dia começando agora é um presente. A cura começa agora.

Dia 138 – 15 DE ABRIL

Um dia bom é relativo, e apesar de os dias bons de agora não se compararem aos dias bons do ano passado, nosso ponto de vista e nossa valorização mudaram. Hoje foi um bom dia. Pela primeira vez em muito tempo, tivemos o domingo todo só para nós. Assim, fomos ao museu, onde as meninas brincaram por horas e voltaram para casa bastante sonolentas.

Concordei com Gracie e decidi que tiraria um cochilo no sofá. Trinta minutos depois, Elena sucumbiu a seu cansaço e foi para o sofá comigo. Essa foi a melhor parte do meu dia. Durante os dois primeiros anos de sua vida, cochilar com o papai tinha sido uma tradição de domingo. Durante o outono e o inverno, ligávamos no jogo de futebol americano e eu me recostava no sofá com ela em meu colo.

Agora, quatro anos depois, cochilar com o papai continua sendo uma tradição de domingo. E quando a mamãe chegou em casa duas horas depois, após realizar tarefas que precisavam ser cumpridas, nos encontrou deitados no sofá, com a cabeça de Elena repousada em meu ombro, ambos acordados, mas muito confortáveis. Quem consegue dormir quando está com medo de perder esse momento de qualidade? De qualquer modo, com Gracie acordada e a mamãe nos chamando para sair para mais tarefas, Elena e eu torcemos para continuar nossa tradição de domingo na próxima semana também.

Dia 139 – 16 DE ABRIL

Esta noite levamos as meninas para o quarto de Elena para dormir. Com a remoção das vigas do assoalho do quarto de Gracie durante a reforma de nossa casa, pensamos que seria melhor mudá-las de quarto. Mas em vez de Elena dormir em sua cama, com Gracie acomodada no colchão no chão, ela pediu para dormir no colchão, mais perto do chão, com medo de cair. Em qualquer outra oportunidade, Gracie teria se apressado a aproveitar para dormir na cama da criança "grande". Mas, dessa vez, a menina que espera ansiosamente por esses momentos, para poder dormir na cama de cima, desceu as escadas na ponta dos pés para fazer uma pergunta ao papai e à mamãe. Afinal, por que ela tinha de dormir na cama de "criança grande?". "Quando Elena vai melhorar?". Algumas perguntas foram impossíveis de responder. As outras não fizeram sentido. "A casa estará terminada quando Elena ficar melhor? Quero presentes, assim como Elena." De qualquer modo, percebemos que Gracia havia notado.

Hoje foi a vez de ela ser a irmã mais velha. Com orgulho, Brooke e eu percebemos que Gracie não apenas expressa amor pela irmã, mas também cresce além de sua idade. Nas fotos, Gracie agora abraça a irmã e a puxa para perto de si, exatamente como Elena vinha fazendo nos últimos quatro anos. Quando entramos no carro, Gracie se inclina para prender o cinto de segurança de Elena, e para ter certeza de que ela está confortável antes de partirmos. Quando elas escovam os dentes, Gracie agora ajuda Elena a abrir o tubo de pasta e a coloca na escova. Esta noite, ela colocou Elena na cama e lhe deu um beijo no rosto. De todas as maneiras, ela não só assumiu o papel de irmã mais velha, mas está sempre pronta a ajudar sua "melhor das melhores amiga do mundo".

Sei que essa não será a última vez em que teremos de consolar Gracie, nem será a última vez em que ela não conseguirá entender as mudanças de sua irmã. O que sei é que Gracie nunca vai nos decepcionar, ou sua "Lena".

Dia 145 – 22 DE ABRIL

Sinto saudade daquelas noites em claro. Não que não passemos noites em claro agora, mas antes era diferente. Íamos para a cama mais ou menos às nove e meia e escutávamos os barulhos dos filhos dos vizinhos rindo e brincando de pega-pega no quintal das casas próximas. É claro que, na época, xingávamos os gritos e a bagunça, tentando imaginar que tipo de pais deixariam seus filhos brincando fora de casa depois de escurecer, no meio da semana. Afinal, alguns de nós têm de estar em pé às quatro e meia da manhã. Mas percebi que minhas filhas também cresceriam e também perturbariam os vizinhos com brincadeiras e gritos muito tempo depois de escurecer, não apenas nos dias de semana. Então, eu me virava para o lado, cobria a orelha e dormia.

Agora, escuto os gritos e as brincadeiras familiares acontecendo do lado de fora de nossas janelas. Mas, de certo modo, dessa vez é diferente. Em uma época em que eu deveria estar escutando minhas filhas brincando lá fora, só ouço as brincadeiras de seus amigos. Com Elena doente, não ficamos acordados até tarde, não brincamos de pegar e não gritamos.

Hoje, depois de colocar as meninas na cama, Brooke e eu nos sentamos no primeiro degrau da escada e prestamos atenção... escutamos o silêncio e o vento soprar pelas janelas. Foi com esse vento que escutamos Gracie sussurar para Elena. Ela tinha um plano: Elena deveria apertar a campainha que fica em sua cabeceira e inventar alguma coisa ridícula. Não importa que tivéssemos instalado a campainha para emergências e para quando Elena precisasse nos chamar para ir ao banheiro.

Elena apertou o botão e eu entrei no quarto, fingindo estar preocupado, e Elena me disse que queria comer torrada no café da manhã. Fingi estar frustrado e saí do quarto. A campainha tocou de novo. Dessa vez, ela pediu para que eu colocasse em sua conta, no banco, o dinheiro que havíamos usado para sua terapia, realizada de manhã. Eu disse que tinha feito isso, e pedi que só tocasse a campainha em caso de emergência. Ela e Gracie riram. E quando fechei a porta, escutei a campainha mais uma vez. Esperei. Tocou de novo. Ao abrir a porta dessa vez, as duas começaram a rir; o papai estava na mão delas e elas bem sabiam disso. Elena não teve um motivo para apertar a campainha dessa vez; só queria ver minha cara quando corri para começar a fazer cócegas nas duas.

Vinte minutos depois ainda estávamos brincando com a campainha, mas, dessa vez, elas a tocavam e se escondiam embaixo das cobertas. O problema era que eu sabia onde estavam. E hoje, mesmo que tenha sido por apenas meia hora, era na nossa casa onde todo o barulho estava sendo feito. Houve risadas, gritos e até a campainha da porta. A hora de dormir vai ser um pouco mais tarde hoje.

Dia 146 – 23 DE ABRIL

O salto dos seis para os treze anos ocorre muito antes do que se pensa. Enquanto seu corpo e mente ainda estão no jardim de infância, sua atitude hoje foi puramente adolescente. Ela ignorou os adultos, cortou a fila na frente de seus amigos e até discutiu um pouco com alguns. Esperei que fosse ignorar os adultos. Quando a professora de música veio nos visitar durante o recesso, justifiquei seu comportamento explicando que ela estava envergonhada por causa de sua voz. E apesar de isso ter ocorrido no passado, depois de ouvi-la conversando com seus colegas de classe na hora do lanche, percebi que ela estava se acostumando com o som de sua voz. Dito isso, depois que a professora partiu, passamos o resto do recesso discutindo como o fato de estar doente não justifica a falta de educação. Mesmo nesse momento ela não olhou para nós. Mas pelo menos escutou.

É quando vejo essa determinação e teimosia, que começo a me tornar esperançoso de que ela vai superar tudo isso, sendo uma criança em um milhão, aquela que vence o câncer impossível. Afinal, se ela pode sobreviver a mim, por que não a uma doencinha? E apesar de saber que essa visão é um tanto distorcida, é isso o que mantém nossas forças. Mas o otimismo pode ser perigoso. Como pai, no fundo, você se prepara para o pior; protege a si mesmo; protege seu coração. Olha para ela rebelando-se e se vê pensando no futuro; no casamento, nos seus filhos, nos seus netos. E então acorda e percebe que ainda está no presente e que você não está além de onde estava dois minutos atrás. A luta é pelo hoje, e é um passo de cada vez. A esperança é o que dá força, mas também o que desanima. Então, você segue procurando por esperança, mas tomando o cuidado de não exagerar e se entregar ao desespero.

Elena é forte, mais forte do que serei. Se existe esperança, está com ela. Enquanto isso, é nossa responsabilidade oferecer apoio, amor e orientação. Amanhã, começaremos com os bons modos.

Dia 149 – 26 DE ABRIL

Já ouvi de tudo. "Deus sabe o que faz, mesmo que não compreendamos." "Deus faz milagres." "Deus só dá esse peso a quem pode carregá-lo." Os amigos e os familiares dizem isso, sem querer ofender, apenas tentando confortar. Eu sei disso, mas, no fundo, no fundo, não consigo evitar a dúvida. Certo ou errado, sempre encontrei a religião e Deus em minha família. Nunca precisei de igreja, estátuas ou da Bíblia para me orientar. Mas sempre encontrei conforto e ajuda nos rostos das pessoas da minha família. Esses eram os presentes verdadeiros da vida e, de alguma forma, sempre imaginei que pudesse encontrar paz por meio de minhas ações e comprometimento com minha família. Quando Elena e Gracie nasceram, eu soube que essa era a minha missão. Esse era o plano de Deus, e eu não precisava escutar um sermão para saber disso. Hoje, vejo-me questionando não apenas minha fé, mas também os planos de Deus. Olho para Elena e acho difícil acreditar que isso faça parte do "plano" d'Ele. Afinal, como encontrar propósito na perda de uma vida inocente? Ela é meu anjo.

Hoje, conforme a tempestade passava e eu beijei minhas filhas pela última vez antes de dormir, fiquei na varanda de casa procurando pelo sentido. Olhei para o leste, para o sul, para o norte e para o oeste. Olhei para o horizonte e vi a tempestade iminente se aproximar. Mas, mesmo assim, não consegui encontrar o que estava procurando. Para mim, Deus continua no rosto de minhas filhas, como acredito que sempre será. Nenhum céu, igreja ou padre pode me dizer o contrário. Mas, ainda assim, a tempestade continua se aproximando, enquanto fico sozinho me questionando. Em dois dias saberemos mais quando formos mais uma vez a Memphis para um exame. Temo que seja demais para nós.

Dia 152 – 29 DE ABRIL

Nós discordamos. Enquanto escrevo isto, Brooke está lá embaixo com Gracie, no *lobby* do hotel Memphis, enquanto estou com Elena no quarto. E dessa vez, importa. Para Elena, é apenas outra luta entre as muitas que teve ultimamente. Espero que ela nunca entenda sobre o que estamos discutindo. Brooke quer continuar tentando. Ela me diz que não se trata de progressão, que as drogas que Elena toma funcionarão, e que só precisamos dar tempo ao tempo. Eu discordo. Ela está piorando, os remédios estão nos fazendo perder tempo e precisamos trocá-los. Não sei por quais; parece que nenhum funciona. Mas tem de haver algo melhor. O pior é que os médicos também discordam. E na balança está a vida de minha filha.

É nossa pior discussão, mas dessa vez vale a pena. Assim como todo marido e mulher, nós discutimos. Na maior parte do tempo por causa das finanças, por um comentário estúpido ou por causa do trabalho. Depois de uma hora ou duas, desistimos ou esquecemos sobre o que estávamos discutindo. Mas agora é diferente. Dessa vez tem a ver com Elena, e não quero estar certo. Estar certo é admitir que podemos já ter perdido, e que gastamos o último mês quando poderíamos ter tentando algo novo. Estar certo significa que a esperança de Elena se reduz a semanas, e não a meses. Estar certo significa que tomamos a decisão errada. Estar certo significa que perderemos nossa filha. Não quero nada além de estar errado. Mas, ainda assim, não posso ignorar os sinais. A paralisia aumenta a cada dia. Todas as manhãs vejo isso no seu rosto quando ela acorda e percebe que continua doente, e que não está melhorando. Lentamente, ela olha para baixo e seu sorriso desaparece. E sei que ela está se perguntando o que perdeu durante a noite. Foi a visão, a audição ou, talvez, algo simples, como o movimento do dedão do pé? Ela é esperta o bastante para perceber o que está acontecendo, e estou perto demais para ignorar os sinais. Não está melhorando.

Hoje perguntei ao médico sobre outras opções. Apenas depois de perguntar duas vezes foi que ele respondeu. A alternativa é um tratamento que parece que ninguém quer recomendar, pelo menos ainda não. Não foi testado, e traz um grande risco de sangramento. Ele não sabe se pode administrar a droga estando ela na situação em que está. E então falamos sobre os efeitos colaterais, enquanto minha filha está morrendo ao nosso lado. E eu continuo sem concordar. Qual é o efeito colateral de não fazer nada?

Brooke tem razão. Sem alternativas viáveis devemos esperar até que os médicos concordem. Eu simplesmente não sei se sou tão paciente. Precisa haver outras opções... Temos de fazer alguma coisa. Ela não perde a esperança, e eu não vou abrir mão. E não sei como as coisas terminarão – para nós ou para Elena.

Então, Brooke fica lá embaixo com Gracie enquanto eu fico sentado ao lado de Elena, que está dormindo.

Dia 153 – 30 DE ABRIL

Detesto Nova York. Detesto Cleveland ainda mais. Nada contra as cidades; pessoalmente, nunca passei tempo suficiente em nenhuma das duas para ter uma opinião, mas hoje elas simbolizam algo. Elena presta atenção a toda conversa que temos hoje em dia. Quando dizemos "ressonância", ela já fica de olho. Quando dizemos "sangramento", ela se vira para olhar. Quando dizemos "progressão", ela para. Hoje, dissemos "progressão" várias vezes. Finalmente todos os médicos concordam: o tumor cresceu e ela está oficialmente em progressão. Com um crescimento geral de mais de meio centímetro, a quimioterapia deixou de ser uma opção. Seu caso não oferece esperança, e devemos agir com rapidez. Mas com um pequeno sangramento local, não existe protocolo estabelecido que possa ser aplicado. As opções que tínhamos um mês atrás, quando a ressonância não mostrou sinais de sangramento, não existem mais. Em vez disso, graças à ajuda do hospital, tentaremos uma nova quimioterapia fora da rotina e sob nosso risco, ou melhor, de Elena. Infelizmente, isso também significa que será sem a ajuda do plano de saúde.

Ninguém sabe ao certo como esse novo tratamento funciona, ou se vai funcionar em gliomas difusos, mas quando não se tem alternativa, nada mais importa. Juntos, a esperança é de que ele traga o sucesso que esperávamos que a outra quimioterapia traria três meses antes. No entanto, com esse novo tratamento, o sangramento é uma grande preocupação. E com Elena atenta, começamos a nos referir a esse risco de sangramento como "ir a Nova York". Então, quando dizemos que ela poderia ter uma grande chance de "ir a Nova York", devemos aceitar o risco antes do tratamento. Infelizmente, uma "viagem a Nova York" certamente resultará em "ir a Cleveland", que quer dizer que pode ser que ela não sobreviva. Pronto, eu disse. E apesar de detestar a grosseria dessas metáforas, com Elena no mesmo quarto enquanto conversamos com o oncologista, não me atrevo a permitir que ela tome conhecimento da seriedade da situação. Até onde ela sabe, vai melhorar mais a cada dia, apesar do fato de que, desde a semana passada, tenho lutado para perceber qualquer melhora. Infelizmente, pode ser que ela já saiba. Enquanto antes ela fazia perguntas a respeito de todas as conversas que mantínhamos com seus médicos, agora ela só fica sentada em um canto, sem se mexer, olhando para o chão. Sei que ela está escutando e receio que compreenda ao que nos referimos quando falamos sobre "ir a Cleveland". Ela é mais esperta do que posso imaginar.

Esta noite voltamos para casa.

Dia 156 – 3 DE MAIO

Ela não tem grandes dons artísticos. Adora números e detalhes, não usa óculos modernos e tem duas orelhas, mas, de algum modo, foi parar no museu de arte bem ao lado de trabalhos de Picasso, Renoir e van Gogh. Certo, eu sei como ela conseguiu ir parar no museu de arte, mas, para ela, é o maior desejo de todos. E apesar de não ser possível perceber seu sorriso em meio aos efeitos de uma dose tripla de esteroides e a exaustão extrema que acompanha a primeira dose de quimioterapia, pode acreditar: isso é tudo no mundo para uma menina de seis anos.

Hoje, levamos seu quadro ao museu para "instalá-lo". Enquanto na parede de nossa sala de estar ele estava apenas pendurado, no museu ele precisou ser "instalado". Lá no museu, Elena também viu pela primeira vez a galeria onde seu quadro seria exibido. De certa forma, imaginei seu quadro ocupando um canto perto do banheiro, onde *Cães Jogando Bilhar* tinha sido o trabalho anterior. Mas, ao nos aproximarmos da galeria, logo descobrimos que o quadro de Elena ocuparia um lugar central em um salão de gigantes. Picasso ficou com a parede estreita ao lado da porta, enquanto o *I Love You* de Elena reinaria sublime na parede principal, cercada por obras de arte que poderiam ter uma galeria apenas para elas. E como se não bastasse, quando chegamos, os curadores estavam preparando desesperadamente a parede para o quadro de Elena com uma nova camada de tinta e gesso. Em casa, durante nossas reformas, teríamos sorte se ele ficasse reto. Acredito que essa é a diferença entre uma instalação e um prego comum e velho.

Desde o diagnóstico de Elena sua arte assumiu outro sentido. Os desenhos que antes jogaríamos fora, agora não têm preço. Até mesmo pedaços de papel que apareciam dentro de sua mochila da escola se tornaram provas de seu amor. Agora, tudo deve ser guardado: todas as fotos, todos os bilhetes e todos os cartões. Às vezes, isso é demais. Em nosso desespero para salvar todas as lembranças, o quarto se tornou mais um templo, forçando-a a dormir no quarto da irmã com medo da avalanche de bichos de pelúcia, arte ou lembranças. Mas, como limpar um quarto quando não se quer jogar nada fora? Não dá, por isso passamos nosso tempo reorganizando, o tempo todo nos convencendo de que parece mais limpo do que quando começamos. Receio que um dia tenhamos de acrescentar mais uma ala ao seu quarto. Mas acho que isso será algo bom, pois significará que ela ainda está conosco.

Ainda não consigo entender de onde veio seu amor pela arte. Brooke detesta o museu de arte, e eu mal consigo pintar as paredes de nossa casa sem fazer uma bagunça. Mas, com a facilidade de um profissional experiente, Elena se refere a van Gogh e a Picasso como se eles fossem seus amigos da escola. Talvez eles sejam, e talvez seja apenas o resultado de uma aula simples de arte. Mas, ainda assim, tento imaginar se as outras crianças levaram essa aula de arte tão a sério quanto ela. Livros de arte enchem as prateleiras de seu quarto, e uma visita ao museu de arte é uma ocasião a ser celebrada. E dessa vez não é diferente. Mas continuaremos a arquivar seus quadros e ela continuará pintando. Sem a voz e até sem a mão direita, é assim que ela se comunica conosco e como demonstra seu amor. Acho que por isso o título *I Love You* é tão apropriado. Simples, direto e exatamente como Elena.

Para Brooke e para mim, o quadro de Elena representa mais do que apenas um coração. Representa a sua capacidade de iluminar uma doença que destrói tantas vidas jovens. Representa as cores vibrantes e as emoções que definem nossa filha. Representa sua visão de mundo nessa tenra idade. Com ou sem lágrimas, sabemos que ela agradece o apoio e pela chance única de ver seu quadro no museu de arte ao lado do "seu Pablo".

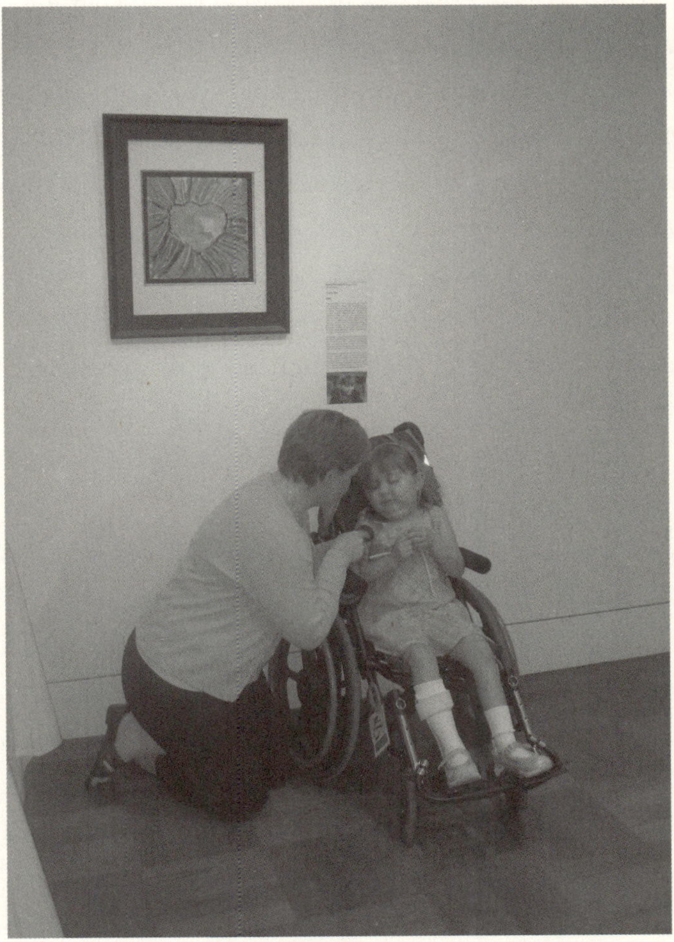

Por fim, o quadro ficou lindo. Não por ter sido o melhor de sua sala, pois duvido que tenha sido. Nem porque está pendurado em um museu de arte. Ficou bonito porque simboliza tudo que amamos em nossa filha: o poder de iluminar e a disposição para compartilhar – ao mesmo tempo em que é menor e mais reservado do que os quadros ao seu redor. Eu te amo, Elena.

Dia 157 – 4 DE MAIO

Muitas pessoas passam a vida toda concentradas em assuntos sem importância. Meu desejo é que ainda cometêssemos o mesmo erro. Hoje, agradeço a Deus por algo muito simples, um obrigado. Hoje foi a tão esperada excursão do jardim de infância ao zoológico. No início da semana, demorei a mencionar esse evento a Elena, com medo de que não retornássemos a Cincinatti a tempo. Hoje de manhã, nós nos vestimos em tempo recorde e ela até tomou o café da manhã rapidamente (menos de uma hora). Arrumamos nossas bolsas e começamos a sair de casa, quando Elena me parou e fez um sinal que eu nunca tinha visto. Desesperadamente tentou dizer as palavras, mas depois de apenas quatro horas de sono ontem à noite, meu cérebro não processou o que ela estava tentando me dizer. Por fim, apontou para o papel e disse, com dificuldade, que queria levar sua cobra de pelúcia para mostrar aos amigos.

Não sei por que, mas minha menininha, usando um belo vestido rosa havia escolhido uma cobra marrom de pelúcia em sua última visita à loja de presentes do hospital. Hoje, ela insistiu em levá-la para a escola. Acredito que estava esperando que as crianças olhassem para a cobra e não para a cadeira de rodas na qual a cobra estava enrolada. Funcionou, mas também acho que ajudou o fato de as crianças estarem muito preocupadas com a excursão. A cadeira de rodas nova não foi muito notada. Seu humor melhorou tanto, que ela até se ofereceu para fazer o juramento de lealdade à bandeira pelo rádio hoje de manhã. Elena não abriu a boca em nenhum momento, mas estava sorrindo de orelha a orelha enquanto seus amigos a compensavam por seu silêncio.

O resto do dia passou voando. Seguimos seus colegas de classe em meio aos ursos e macacos. Elena pediu para irmos à casa dos répteis e riu da ironia ao mostrar às outras cobras a sua cobra. Como eu gostaria que ela pudesse falar para me contar a piada hilária que certamente estava lhe ocorrendo naquele instante. Ficamos com um grupo pequeno de meninas de sua sala. Como sempre, elas seguravam as portas para passarmos e caminhavam segurando nos braços da cadeira de rodas de Elena. As crianças são incrivelmente compreensivas, e seus colegas de classe têm conseguido faz com que se sinta normal. Após do almoço, levamos seus amigos de carona na cadeira e depois de uma rápida foto, fomos embora.

No caminho para casa, Elena estava tentando conversar comigo. Geralmente consigo entender o que ela diz se escuto o que fala e observo seus lábios (digamos que isso é um pouco difícil de conseguir enquanto estamos diringindo um carro). Então, em um farol vermelho, abaixei o espelho retrovisor e lhe pedi para repetir o que disse. Ela olhou para mim pelo espelho, sorriu e fez um sinal de "Obrigado". Meu coração derreteu. Apesar de todo o mau humor que os esteroides causam, ela estava verdadeiramente feliz, e eu me senti grata por ter encontrado uma maneira de proporcionar isso a ela.

Dia 159 – 6 DE MAIO

Sou conhecido como "o pai da Elena". Nada mais importa depois de hoje, e não tenho problemas com isso. Depois que sua obra de arte foi exposta no museu de arte e sua história mostrada na primeira página do jornal, Elena se tornou um tipo de heroína. Espero que eu só seja conhecido como "o pai da Elena e da Gracie". Sua recuperação continuou hoje de um jeito todo seu. A perna ainda está fraca, e a mão direita ainda fica caída, sem vida, para o lado, mas seu apetite voltou e sua voz está melhorando. Não que esteja perto de parar de usar a língua dos sinais. Ela ainda se ocupa ensinando a nós dois ou três sinais por dia. Não fazemos ideia de como ela aprende esses sinais, mas uma pesquisa rápida na internet confirmou nossa suspeita: ela é uma sábia na língua dos sinais. Essa é sua nova voz, e às vezes me pergunto se um dia ela deixará de usá-la.

Quando dou nela um beijo de boa noite, tento me lembrar do som de sua voz. Existem momentos que uma câmera não capta. Tem o sorriso, o rosto e as lembranças, mas a voz é esquecida. É engraçado como conseguimos esquecer de algo tão importante em tão pouco tempo. Durante seis anos foi o som da sua voz que me recebia quando eu chegava em casa do trabalho, que pedia para empurrar o balanço com mais força no quintal, e o som de sua voz que me desejava boa noite. Agora, é o som que não consigo lembrar.

Dia 161 – 8 DE MAIO

Todas as noites, quando limpo a pasta da escola de Elena, tiro dali pelo menos dois bilhetes, dizendo: "Amo vocês, mamãe, papai, Grace". Encontro essa frase na parte de trás de suas folhas de atividades e em corações cuidadosamente recortados. Recentemente, com sua dependência maior da mãe e do pai para qualquer tarefa simples, ela tem se tornado mais agradecida por nossa ajuda. Todas as vezes em que faz o sinal de "banheiro" e eu me aproximo para pegá-la, ela sorri com meiguice. Quando pede um brinquedo ou a quinta repetição de sua comida, faz o sinal de "Eu te amo". Quando a levo para o carro para ir à escola, ganho muitos beijos de agradecimento.

Elena sempre foi uma menina independente, e agora está ciente de sua incapacidade de controlar qualquer coisa em sua vida no momento. Mas, apesar de se sentir arrasada por saber que precisa de ajuda até para simplesmente brincar, ela é sempre rápida para demonstrar seus agradecimentos. Hoje mesmo, Elena estava sentada atrás de Keith enquanto ele conversava comigo sobre uma próxima consulta médica. Elena, em segredo, fez o sinal de "Eu amo", com um largo sorriso, e eu sorri de volta com a mesma intensidade. Keith olhou para Elena e depois para mim, querendo saber por que estávamos sorrindo. Elena simplesmente sorriu para ele e rolou os olhos para cima, feliz por ter encontrado uma maneira de provocar o pai.

Dia 163 – 10 DE MAIO

Elena é uma autora. E com dois livros por dia, acredito que logo ela vai começar a ofuscar J. K. Rowling. Mesmo assim, a professora do jardim de infância acredita que ela deveria escrever menos livros de não ficcção, e mais fição e livros educacionais. Parece que agora, as crianças do jardim de infância precisam de um portfólio de livros. Muita coisa mudou desde a minha época, quando eu rabiscava papel com giz de cera e comia massinha de modelar. Claro que acredito que toda aquela massinha pode ser o motivo pelo qual nunca escrevi prosa. Mas, mesmo assim, fico pensando que talvez o próximo passo seja uma matéria jornalística.

De qualquer modo, Elena estava determinada a curar esse problema, e começou hoje de manhã, na hora do café. O título: *Como ser uma aluna do jardim de infância*. Era para sua irmã. Veja, Brooke e eu descobrimos, recentemente, que Gracie tem quinze dias a menos do que a idade permitida para o ingresso no jardim de infância no ano que vem. E apesar de sempre termos nos orgulhado por não sermos pais exageradamente agressivos, forçando o desenvolvimento para empurrar nossas filhas para a frente na escola, concordamos que Gracie está pronta. Acredito que Elena pensa o mesmo. Então, em um certo ponto no meio da discussão, ela percebeu que Gracie iria para o jardim de infância e decidiu que esse seria o próximo assunto de seu manual educativo.

Armada com seu novo caderno, Elena decidiu orientar a irmã acerca dos pontos mais delicados da etiqueta na escola. Então, começando na primeira página com um coração, ela decidiu abrir o jogo. Em primeiro lugar, determinou que Gracie precisaria aprender a se sentar no tapete. É ali onde todo aluno que se preze deve começar o dia, sentando-se com as pernas cruzadas e em silêncio enquanto todos começam a compartilhar suas novidades. Como se quisesse ilustrar a explicação, ela continuou com um desenho detalhado dos quadrados do tapete, completando com uma marca para mostrar o lugar de Gracie na frente da sala (você acha que Elena não conhece a personalidade de Gracie tanto quanto nós?).

Na página dois, decidiu que Gracie precisaria de uma planta básica para entender melhor o campus da escola da educação infantil. Há três áreas na escola: a parte de cima, a área do meio e um parquinho embaixo. É nele que o recreio acontece, e ela fez um grande esforço para não apenas relacionar as áreas, como também desenhar um diagrama para ajudar a irmã a entender como elas se ligam umas às outras.

A página três estava em branco. Acho que ela pulou uma página. Talvez tenha apenas reservado um espaço onde pudesse acrescentar mais coisas depois.

A página quatro foi dedicada ao complexo horário do jardim de infância. Veja, você precisa se preocupar em sentar-se no tapete, mas também precisa equilibrar arte, educação física, "muisca" (música, para quem não sabe) e a livroteca (biblioteca).

A página cinco continha apenas a mais simples das orientações: "Be qiit in the cafuteryu", ou "Fique em silêncio no refeitório". Acredito que todas as professoras ficariam felizes com essa lição, apesar de pensar que elas desejariam que as crianças fizessem silêncio em outros lugares além do refeitório.

A página seis foi a mais importante. Com sua voz limitada, o assunto foi muito bem pensado. Dez minutos depois, ela ainda estava instruindo Gracie. Esta foi para o "líder", o *status* honorário mais importante, dado a apenas uma criança por dia. As responsabilidades são infindáveis, os privilégios invejados e as homenagens diárias são lendárias. O aluno escolhido é o primeiro da fila, aquele que escolhe a senha e que dá a previsão do tempo. O melhor é que isso só acontece uma vez a cada vinte e um dias (há vinte e um alunos na sala do jardim de infância). A lição de Elena a Gracie foi simples: consiga ser a líder. Quem sabe, você também terá uma canção com seu nome.

Ela se chama Elena,
E é como o Sol.
Sua liderança acabou de começar.
Líder lidera, brilha e reluz.
Líder lidera, brilha e reluz.

E acredite, depois da primeira vez que seu filho consegue ser o Líder, você *aprende* a canção. Elena a cantou até chegar em casa.

A página sete foi simples. Nenhuma palavra, apenas um desenho de Gracie e todos os amigos que ela ganhará na escola.

A página oito estava em branco. Acredito que ela deixou mais espaço para depois.

A página nove tinha a ver com calendários. Toda líder precisa saber como lidar um calendário para dar as horas e a previsão do tempo. Elena instruiria Gracie a respeito dos pontos mais delicados do funcionamento do calendário ao se referir a seu diagrama altamente detalhado continuado na página dez.

A página onze foi sobre atitude: "Sorria Gracie". Parece que os pedidos intermináveis, feitos pela mamãe e pelo papai, para que sorrisse, apesar de as doses de esteroides finalmente o terem absorvido.

A página doze foi a respeito da parte favorita de Elena na escola, escrever os livros de não ficção de que ela tanto gostava. Agora, era a sua vez de passá-lo a Gracie. Escrever, ler, aprender palavras, cruzadinhas e a contar, as opções são infinitas.

A página treze foi sua homenagem à irmã: "*have a grat tim atenção knidrgrdnî*" ("divirta-se no jardim de infância").

A página quatorze continuou com uma missão: "*do gret weth ur tchr*" ("seja boazinha com a professora"). Não tenho dúvidas de que Gracie, assim como Elena, será a queridinha da professora.

As páginas quinze e dezesseis foram reservadas para a descrição dos benefícios do jardim de infância. Em primeiro lugar, ela destacou que lá há livros de poesia. Depois, o papel das atividades especiais, como convidados e programas.

As páginas dezessete e dezoito resumiam a experiência de Elena no jardim de infância com "*Wendell have los uv fun*" ("nós nos divertimos muito") e "*knidrdnd is los uv fun*" ("o jardim de infância é muito divertido"). Quando terminou de ler, Gracie já estava arrumando sua bolsa da escola. Para Elena, é divertida e ela não consegue pensar em nenhum outro lugar onde gostaria de estar. Para ela, representa novas experiências, novos amigos, e uma rotina de que precisa desesperadamente no momento. Ela sempre quis ser professora, e agora pôde ser uma mentora. Que bom que Gracie aprende com rapidez.

Dia 165 – 12 DE MAIO

Dia das Mães, as meninas deram tomates a Brooke. Não exatamente tomates, mas mudas deles. Então, ficamos ali no jardim, com tênis cheios de lama, meias cheias de lama e rosto cheio de lama fazendo o melhor que podíamos para encontrar uma parte do quintal onde poderíamos plantá-las. Momentos de diversão.

Acho que nunca entendi exatamente o sentido do Dia das Mães. Afinal, para este dia, Brooke pediu tomates, e ela *detesta* tomate. Por que pediria tomates? Simples. Por causa das meninas. Minha mãe tem um pé de tomate em casa, e as meninas adoram pegar os frutos maduros diretamente da planta e colocá-los na boca. Às vezes, elas ficavam sentadas na varanda, esperando até que os tomates ficassem vermelhos para que pudessem comê-los. É claro que isso nunca aconteceu, então, de vez em quando, pegavam um verde. Isso acontecia com mais frequência com Gracie; ela nunca teve paciência. Elena, por outro lado, esperaria pacientemente até que estivessem perfeitos, mas, com Gracie por perto, sua colheita de tomates era limitada.

No dia em que homenageamos as mães, dando-lhes qualquer capricho que possam imaginar, Brooke só consegue pensar nas meninas primeiro. Nada de manicure ou limpeza de pele; para ela, basta simplesmente pedir uma muda do alimento que ela mais detesta. Foi então que percebi como temos sorte. Brooke não apenas pensa nas filhas acima de tudo, como também sabe que seu marido não faz nada direito, por isso lhe envia lembretes. Temos muita sorte. Nenhum cartão, nada de café da manhã na cama, apenas tomates.

Dia 166 – 13 DE MAIO

Hoje foi o dia da Torre Eiffel. E se você tem acompanhado a lista de desejos de Elena, sabe que esse era *o* desejo – bem, depois do salão de festas. Cento e sessenta e seis dias atrás, quando recebemos a notícia de que Elena poderia viver apenas cento e trinta e seis dias, ela e eu ficamos acordados a noite toda no hospital, e conversamos sobre o que ela queria fazer quando saísse de lá. Mal ela sabia do que se tratava essa lista, ou que eu me comprometeria em realizar todos os desejos.

Na lista, estava o primeiro desejo: visitar a Torre Eiffel. Mas não a Torre Eiffel de Paris, mas, sim, a Torre do parque de diversões da cidade, ao norte de nossa casa. Ao passarmos na frente dele sempre que íamos à casa dos pais de Brooke, há mais de seis anos, ela sempre quis saber como seria a vista lá do alto. Então, hoje, com o céu limpo e 22°C, finalmente fomos ao parque para subir a torre. É claro que não foi ruim o fato de os funcionários do parque terem tomado conhecimento do desejo de Elena e terem ingressos pela causa.

Cerca de uma hora depois de chegarmos, e depois de vencermos o desejo enorme de Gracie de ir em algumas das atrações, finalmente entramos no elevador para o topo e colocamos a cadeira de rodas de Elena perto do vidro, enquanto subíamos a torre de 107 metros. Mas com seu medo de altura recém-adquirido durante a doença, ela ficou pouco entusiasmada, e quis ficar pelo menos a 1,5 metro do vidro. Isso fez com que a vista não fosse tão privilegiada, mas o efeito foi o mesmo.

Para Brooke e para mim a ocasião simbolizou um triunfo sobre o período de 135 dias. Quanto a Elena, ela passou o tempo todo procurando pela casa de sua professora (parece que na escola a professora dissera que era possível ver sua casa e seus cachorros de cima da torre). Não encontramos a casa com os dois cães no quintal, mas pelo menos tiramos uma foto para relembrar. Logo estava na hora de entrar no elevador de novo, dessa vez virados de costas para a parede de vidro do elevador, e continuar nosso passeio pelo parque.

Apesar de ela ter feito um grande progresso nos últimos dois a três dias, hoje percebi um declínio. O dedo não mais se mexia como antes, o pé direito está sendo arrastado de novo, sua fala estava difícil, e a respiração também. Tentei convencer-me de que se trata de alergia, falta de sono, ou até o sol. Sem querer admitir que pudesse ser outra coisa, procurei por desculpas, e até tentei ignorar os sinais. Com tantas coisas positivas da última semana, nem Brooke nem eu queríamos vê-la dessa maneira. E mesmo que estejamos ansiosos, amanhã contaremos a história real. Pode ter sido o sono e o sol, ou o tumor. Sozinhos, nenhum desses sintomas exige ação, mas juntos eles nos preocupam enquanto nos preparamos para dormir esta noite. Ainda assim, como se estivéssemos negando, Brooke e eu não conversamos sobre os sintomas que percebemos. Hoje foi um bom dia, e não acho que queríamos perder essa sensação.

Dia 168 – 15 DE MAIO

Uma mulher sábia, que também tem um filho com glioma pontino intrínseco difuso, certa vez disse-me: "Nunca analise um dia e o considere ruim, porque ele pode ser melhor do que amanhã, por isso simplesmente agradeça a Deus por ter esse dia". Não saberia dizer quantas vezes isso me ocorre ao longo de um dia. Todos os dias, acreditamos que estamos fazendo o melhor. Que nossos esforços estão no limite e que não podemos ir além. Que os objetivos e as lutas que enfrentamos hoje são o máximo que conseguiremos enfrentar. Que um dia as coisas ficarão mais fáceis; mas elas nunca ficam. O que pensamos ser impossível hoje será irrelevante amanhã. E, então, continuamos.

Isso se chama mentalidade de sobrevivente. E para aqueles que aceitam essa responsabilidade, a vida é um peso e um prazer em todos os momentos, principalmente com nossa experiência com Elena. Aprendi o que significa ser um sobrevivente. É um título reservado àqueles que veem um raio de luz em um túnel escuro. É uma pessoa que não tem dúvidas, medo, mas apenas confiança, às vezes parece irracional. É uma pessoa que acredita que, sozinha, pode encontrar a solução, e no momento certo ela vai se tornar evidente. É uma confiança que coloca o otimismo de mãos dadas com a fé.

Sempre me pergunto se temos o que um sobrevivente precisa ter. Poderíamos ficar sozinhos em uma ilha deserta seguros com o fato de que encontraríamos o caminho de casa? Ou ficaríamos olhando para o horizonte agarrados à esperança de sermos resgatados? E então sentiríamos as pressões para as quais não teríamos soluções? Nada de comida, abrigo e isolamento. Isso seria demais? Pensaríamos que poderia ficar pior, e veríamos que de fato piorou?

Ser um sobrevivente deve ser mais do que apenas capacidade de encontrar soluções; deve ser, também, capacidade de lidar com as coisas. De repente, compreendo o que isso significa e me pergunto se estamos preparados para o desafio. Não tenho dúvidas de que Elena está. No momento em que ela está em sua pior condição e aparentemente incapaz de suportar mais peso, ainda encontra tempo de ser a irmã de Gracie. E, apesar de tudo, ela ajuda a irmã a se preparar para o jardim de infância, a se preparar para dormir e até para escovar os dentes. Para ela, ser uma sobrevivente tem a ver também com ser humana.

Em alguns dias, quando olho para ela do outro lado da mesa, com dificuldade para respirar e para beber o líquido pelo canudinho, tento imaginar quanto mais consigo tolerar. Seria melhor apenas ter calma, independente do resultado? Ou a vida vai além do estar à vontade? De certo modo, eu sei a resposta, apesar de fazer esta pergunta todos os dias.

A vida tem a ver com a luta, com a paixão e com o amor que dividimos para nossos filhos. Mas fico preso com o fato de que sou eu que estou lutando, quando na verdade não tem nada a ver comigo. É a luta de Elena, e sou apenas um espectador posicionado aqui para apoiar e amar. Ela é a verdadeira guerreira e a verdadeira sobrevivente. No fim, Brooke, Gracie e eu devemos apoiar Elena e torná-la mais forte todos os dias. Não temos câncer, não temos de sentir essa paralisia e nem que enfrentar essa batalha terminal. Mas Elena sim, sozinha. E quando ela conseguir, nossa família estará intacta. Se ela não conseguir, ficaremos perdidos e teremos de lidar com isso, como sobreviventes. A vida é a luta, e pertence aos sobreviventes.

Dia 170 – 17 DE MAIO

Dizem que não se deve esperar muita coisa depois dos primeiros dias de quimioterapia. Ela pode ter diarreia, provavelmente sentirá náusea e ficará exausta. Se Elena consegue ter atitude com os pais, defintitivamente consegue desafiar aqueles médicos, e foi o que fez. Deixei-a dormir de manhã. Para mim, isso durou apenas até sete e meia da manhã, quando precisei ver seu rosto. Agora não penso em outra coisa ao entrar em seu quarto. Hoje, entrei em silêncio e a encontrei olhando o teto, e fiquei assustada. Mas, em vez de respirar com dificuldade e reclamar porque seu lado direito não estva funcionando, ela simplesmente virou a cabeça e me deu um enorme sorriso. Meu coração pulou; isso não apenas fez com que eu me sentisse bem, mas, sim, caminhando nas nuvens.

Dia 173 – 20 DE MAIO

A exaustão tomou conta de mim. Já senti cansaço físico muitas vezes antes. Tenho estado cansado por não dormir normalmente. Mas a exaustão é algo completamente diferente. Acordo todas as manhãs cansado demais para dormir, percebendo que não sonho há meses. Visto-me e percebo que calcei dois sapatos diferentes e que não estou totalmente desperto. Já decidi fazer listas com as coisas que preciso fazer durante o dia, mas acabo perdendo-a. Tenho dificuldades para lembrar de nomes de pessoas que conheço há anos. E em minha mente só há um pensamento todos os momentos do dia: Elena.

Costumo me questionar se Elena sente isso também. A fadiga, com certeza, vemos os efeitos da quimioterapia em seu rosto e no número de cochilos que ela tira todos os dias. A exaustão é outra coisa. Acredito que hoje nós a vimos pela primeira vez. Fizemos o melhor que pudemos para combatê-la com a terapia física e uma visão otimista, mas as marcas no seu rosto mostram outra coisa. Afinal, o rosto de uma criança de seis anos não tem linhas de expressão. Vi a exaustão na maneira como arrastou seu pé enquanto caminhava hoje, apesar de ter conseguido flexioná-lo durante a terapia, mais do que nunca. Percebi em sua mão, enquanto ela a deixava apoiada no braço da cadeira de rodas, menos de uma hora depois de usá-la para segurar os cantos das impressões que ela assinou para a preparação da apresentação de arte. E apesar de nossas melhores intenções, observei quando ela desistiu e foi dormir no sofá. Ela nunca cochila durante o dia.

Perguntamos a ela o que está pensando, acreditando que, de certo modo, sabendo quais são seus pensamentos, seremos capazes de lhe dar paz. É um risco perigoso, e se ela fizer a pergunta que esperamos que não faça, teremos de mentir. Então, prendemos a respiração e perguntamos. Hoje ela nos disse que adorava ver as pessoas comprando sua pintura, e que ficava feliz por vê-la na exposição de arte. Felizmente a resposta foi algo bom. Ainda assim, sua exaustão e a nossa está pesando. Infelizmente não existe como escaparmos, e ela não tem fim, ou pelo menos não o fim que desejamos.

Dia 174 – 21 DE MAIO

Hoje começamos pequenos. Cinco anos atrás, ela começou a andar, primeiro aprendendo a engatinhar; por isso, decidimos que era a melhor maneira de começar. A cadeira de rodas se tornou um meio de transporte, e nada além. Se ela quisesse se sentar à mesa, tinha de caminhar até a cadeira e se sentar. Se quisesse desenhar, tinha de ir para o chão. E quando sua caneta estava longe, tinha de engatinhar para pegá-la. Mas quando se passa um mês e meio na cadeira de rodas, até mesmo as atividades mais simples se tornam um desafio. Engatinhar por um metro e meio para pegar uma miçanga demorou dez minutos, e ela caiu mais vezes do que você imagina. Mas, ao final do dia ela tinha percebido que os movimentos lentos e constantes eram melhores do que os maiores, e que quando paramos de chorar conseguimos nos concentrar melhor.

O que aconteceu naturalmente uma vez deve ser aprendido de novo agora.

Da próxima vez em que você vir Elena, pergunte-lhe sobre o esquilo Earl. Parece que, na hora do café da manhã, Elena fez uma aposta com a mamãe, de que nem mesmo o esquilo do lado de fora de nossa porta comeria seu remédio. A mamãe gostou da ideia e colocou cinco dólares sobre a mesa. Agora à noite o remédio continua na parede, e o esquilo sumiu. Amanhã, ou Elena ficará cinco dólares mais rica ou veremos um esquilo passando pela nossa rua com um jeitão esquisito. Parece que a mamãe vai perder de novo.

Dia 176 – 23 DE MAIO

Um sanduíche de pasta de amendoim, um biscoito e leite com chocolate. Às vezes um morango naqueles dias em que a fome vem, causada pelos esteroides. Elena adora piquenique no quintal. O vento é gostoso, a grama é quente, e sair do sofá da sala de estar é sempre bom. Esse é o início da quarta-feira com o papai.

Às vezes, escutamos o falcão lá em cima, construindo um ninho no carvalho. Outras vezes, mal conseguimos conversar por causa do barulho dos martelos e das serras enquanto os carpinteiros constroem um cômodo no fundo da casa. Em determinado ponto, essa reforma pareceu uma boa ideia, mas agora, depois do seu diagnóstico, não passa de uma distração da qual não precisamos. Mas seguimos em frente, dessa vez refazendo os planos para acomodar o quarto no primeiro andar e um banheiro com acesso para cadeira de rodas apenas para Elena.

Perguntei-lhe, durante o almoço, de que cor queria pintar seu quarto. Ela deu de ombros. Talvez de rosa, sugeri. Ela desviou o olhar. Ficamos sentados em silêncio. De certo modo, acredito que ela sabe mais do que queremos que saiba. A casa ficará pronta em outubro, mas sua doença mostra que não devemos esperar nada além de julho. Estamos em junho, praticamente. Sinto que ela não conseguirá decorar o novo quarto.

Tentamos falar sobre outra coisa, mas as amenidades são todas a respeito do futuro. As perguntas a respeito do destino das próximas férias, ou aquelas do tipo: "Está ansiosa com o retorno à escola?" e

"O que quer de presente em seu aniversário?" parecem fúteis. Acredito que até ela sabe que não vai chegar até lá. Então, ficamos sentados em silêncio.

Damos presentes e férias a nossos filhos quando não podemos lhes dar esperança e uma cura. E eles percebem a diferença. Acredito que Elena sabe. Consigo perceber isso em seu sorriso e nos desenhos que faz. Os temas são de amor, mas também de fim. "Amo vocês, mamãe, papai e Grace", ela escreve, como se nunca mais fosse nos ver.

Depois do piquenique, ficamos deitados de costas olhando para as nuvens, com sua cabeça apoiada em meu braço. Não dizemos nada, apenas observamos em silêncio. Eu também te amo, Elena.

Dia 178 – 25 DE MAIO

Como o câncer afeta uma criança? Como afeta minha filha – além dos efeitos clínicos? Nas duas últimas semanas, comecei a perceber mudanças em Elena que temo nunca ser curadas. Onde antes havia uma criança, agora há um adulto. Onde antes havia inocência, agora há cinismo. Onde antes havia um sorriso, agora há ironia. Os momentos são passageiros, mas estão se tornando cada vez mais dominantes na maneira descontraída de uma menina de seis anos. Agora, me pergunto se conseguiremos trazer de volta a criança de dentro dela.

Questionar sua atitude futura é o mesmo que supor que existirá uma cura. Isso é bom. E talvez a perda de uma infância seja a única coisa que teremos de temer se o câncer for embora. Isso, por si só, já é um salto de fé. Mas conforme ela começa a se recuperar de novo, pela terceira vez, voltamos para o topo da montanha com vista para o horizonte, e de repente começamos a questionar os prospectos futuros. No fundo, só podemos ver o chão. Então, hoje, enquanto eu lavava seus cabelos e a colocava para dormir, fiquei procurando pela menina que conheci. Mas, em seus olhos só vejo vazio e desconfiança. Depois de ter sofrido furos, exames, cortes, sangramentos, flexões e envenenamento, ela não consegue mais fingir inocência. Ela é mais adulta do que um dia serei.

O câncer, ou qualquer outra doença terminal, transforma heróis em mártires, e sobreviventes em almas vazias. Trazer sua inocência de volta será impossível. Nenhum doce ou flor permitirá que ela esqueça essa luta; faz parte de sua vida e de seu futuro para sempre. Mas, ainda assim, é o melhor que posso esperar, pois a sobrevivência é o único objetivo.

Como pais, começamos a nos questionar até onde tentar. Se essa não é a cura, devemos ir além do experimental e depender do improvável? E quando devemos desistir? A sobrevivência pode ser pior que a morte? No momento, a sobrevivência é nossa meta, e não conseguirei responder a essa pergunta até que a morte aconteça. Espero nunca conhecer esse dia.

Dia 181 – 28 DE MAIO

Na minha família, você sabe que teve sucesso quando vai parar atrás da porta do banheiro. As emissoras de televisão anunciam tudo, o jornal pode tomar espaço, os prêmios Nobel são comuns, e até o Papa pode escolher um santo de qualquer jeito, mas ir para a porta do banheiro de meu avô é uma honra lendária. Por que a porta do banheiro? Por que não o quadro de avisos na cozinha ou a estante na sala de estar? Ninguém sabe, mas a parte de trás da porta do banheiro sempre foi um lugar onde eram expostos os "revolucionários" da família. Ali você encontrará uma foto de jornal de minha tia-avó e de meu tio-avô quando eles participaram de uma caminhada pela cura de um câncer de mama, uma matéria sobre um parente que ganhou um prêmio de "melhor professor do ano", e uma foto de jornal de minha irmã penteando o rabo de um cavalo antes de uma exibição. Esses são os heróis de minha família, e aqueles que serão homenageados por toda a eternidade na parte de trás da porta do banheiro. Quando eu era criança, desejava ter essa sorte.

Hoje à noite, fui informado por meu avô (ou "vovô-vovô", como Elena se refere a ele) de que Elena ganhou seu lugar como um dos homenageados na porta do banheiro. Agora sabemos que ela, de fato, tocou vidas. Desde a semana passada, sua matéria no jornal sobre a obra de arte *I Love You* agraciará a todos que procurarem ajuda entre os deuses do encanamento. Melhorando as cores e a decoração do banheiro dos anos 1970, as cores brilhantes e os tons de azul e rosa do trabalho de Elena para sempre convidarão as pessoas que entrarem no banheiro de meu avô a procurar por melhorias. E agora sua influência aumentará dez vezes, principalmente pelo tamanho de minha família.

Deixando de lado as brincadieras, a porta do banheiro representa algo. Representa uma conquista e a influência generosa que ela continua deixando em minha família. E mesmo que isso não se compare a ter seu trabalho exposto em um museu de arte entre van Gogh e Picasso, a ter sua história publicada na primeira página do jornal ou mesmo a ser uma artista de uma exibição de arte local, é um dos reconhecimentos que mais importam, pois vem da sua família.

No dia 1º de junho, Elena será homenageada pela cidade com uma proclamação do "Dia de Elena Desserich", por sua marca na cidade e em seus moradores. Nunca antes eu tinha pensado que minha filha teria tanta influência ou que seria valorizada por tantas pessoas. E no começo, eu nem sabia o que era uma proclamação. Mas após ler o texto que o prefeito da cidade me enviou na semana passada, agora entendo o significado. Mesmo sem a proclamação, sabemos que somos os pais de duas meninas especiais.

Esta sexta-feira, quando for apresentada, não tenho dúvida de que Elena ficará impressionada e honrada. E, se tivermos sorte, pode ser até que ela sorria, apesar dos esteroides, ao receber uma cópia da proclamação, juntamente com um laço azul e largo. Eles me disseram que ela pode ser pendurada com uma cópia da sua foto no salão do centro de recreação da cidade, para que todos vejam e apreciem. Para Brooke e para mim, isso é mais do que poderíamos querer. Elena, por outro lado, ficaria feliz se esse documento ficasse pendurado apenas na parte de trás da porta do banheiro.

Dia 182 – 29 DE MAIO

Gracie precisa de nós, agora mais do que nunca. Mas em vez de brincar com ela no balanço, Brooke e eu passamos a tarde com Elena dentro de casa. O tempo esquentou e deveríamos estar lá fora com as duas meninas aproveitando a casa de boneca, impulsionando-as nos balanços e ensinando-as a andar de bicicleta, mas Elena não consegue comer, muito menos se balançar. Então, ficamos sentados dentro de casa observando Gracie pela janela, enquanto ela brinca sozinha.

Cada vez mais me pego tendo de escolher, e ultimamente tenho passado mais tempo com Elena. Sabemos que seus dias estão contados, apesar de raramente conversarmos sobre isso, por isso fazemos o melhor que podemos para confortá-la e amá-la. Mas, com isso, é Gracie quem perde. Ela perde o papai e a mamãe, perde a alegria das tardes de verão de uma criança de quatro anos e, por fim, perderá a irmã. E não há nada que possamos fazer para impedir isso. Brooke e eu tentamos nos revezar, sabendo que o tempo que passamos com Gracie será o tempo que passamos desejando estar com Elena. Então, escolhemos entre momentos dos quais nos arrependeremos e as lembranças que guardaremos com amor.

No fundo, as conquistas de Gracie não são menos importantes que as de Elena. Mas quando uma vida é resumida em seis curtos anos, cada segundo parece um dia. Os momentos de Gracia continuarão amanhã – pelo menos é o que dizemos a nós mesmos. Mas, mesmo assim, como trocar um filho pelo outro? Espero que Gracie compreenda – conto com isso.

Então, Gracie brinca no balanço sozinha apenas hoje. Receio que esta não será a última vez. E se perdermos Elena, vamos nos arrepender do tempo que gastamos com Gracie? Esse tempo é menos precioso? Não sabemos a resposta. Assim, escolhemos. Gracie brinca sozinha enquanto acariciamos Elena no sofá.

Dia 184 – 31 DE MAIO

Recentemente, tenho julgado impossível olhar para as fotos. Conforme o final do ano escolar se aproxima, começamos a ficar sentimentais. Gostaria de ser como todas as outras mães, ocupando minha cabeça com acampamentos de verão e brincadeiras, mas em vez de olhar para a frente, me pego olhando para trás.

Pegamos o livro do ano de Elena hoje. Proeminentes em diversas páginas, seu sorriso e aqueles grandes e lindos olhos azuis que sabíamos que derretiriam os corações de todos os meninos, davam destaque à foto. Não consegui controlar a emoção ao virar a página e ver Elena com seu cocar indígena no almoço de Dia de Ação de Graças. Aquele foi o último dia da inocência. O último dia livre. O último dia na escola antes de a levarmos para dias infidáveis com médicos e tratamentos. Com a voz já afetada naquele dia, ela me contou a respeito da comida que eles comeram e das coisas que fizeram. Contou-me com entusiasmo por que tinha escolhido ser índia e não peregrina. Sinto saudade de como ficava animada para aprender. Tenho certeza de que ela ainda gosta da escola, mas simplesmente não demonstra tanto.

Fiquei olhando para a foto de Elena e admirei como ela estava bonita e jovem. Nunca pensei que uma doença pudesse dar cinco anos a mais a uma menina em apenas cinco meses. E não estou me referindo a suas bochechas inchadas. Olho para os seus olhos e meu coração se despedaça ao ver como parecem cansados e "experientes". Desapareceu o brilho inocente que vemos em todas as crianças do jardim de infância. Ela conhece mais do mundo do que qualquer uma das outras crianças conhecerá em muitos anos, as boas e as ruins.

Dia 185 – 1º DE JUNHO

Puxa vida! Ela ganhou um sinal! Gracie ficou tão surpresa quanto eu enquanto voltávamos do trabalho para casa esta tarde. Em destaque e exposto no outdoor do centro recreacional da comunidade para todos verem estava a mensagem "Hoje é dia de Elena Disserich". Eles estavam falando sério sobre a proclamação.

O dia começou com um chamado de Gracie às quatro da manhã. Parece que o "Dia de Lena", como ela diz, merecia tanta espera quanto o dia de Natal. Talvez Gracie tivesse de ficar decepcionada com a falta de presentes ou de árvore, mas ficou contente em sair da cama e se acomodar com a irmã desejando-lhea um feliz Dia de Elena. Elena mal se mexeu. Mesmo assim, Gracie passou a mão em seu rosto, beijou-a e lhe ofereceu seu "paninho" (sua fronha de cetim com a qual ela dorme todas as noites) para confortá-la. E depois de ver o afeto que demonstrava com a irmã, não me incomodei com o chamado tão cedo.

A cerimônia oficial de proclamação ocorreu às dezoito horas, depois de um dia longo (e dois cochilos para Elena), com aulas e natação. Como parte da cerimônia, o quadro de Elena seria colocado oficialmente no salão do centro recreacional ao lado de um aviso declarando o 1º de junho como o dia de Elena Desserich. E ali, vestindo nossas roupas de banho e óculos de sol, Elena foi homenageada por sua coragem, força e inspiração. Depois de alguns "enquantos", "apesares" e "consequentementes", a proclamação foi oficializada para todos os anos.

Esta noite, enquanto Elena Desserich dorme, sua proclamação está na parede do centro recreacional e também em seu quarto para que todos vejam. Mas, em nosso coração, amanhã será sempre mais especial do que hoje, independente de nossa data especial. Amanhã vem a promessa, e hoje vem a esperança. Enquanto isso, feliz "Dia de Elena". Puxa vida! Ela ganhou um sinal!

Dia 186 – 2 DE JUNHO

Ultimamente tenho recorrido à distração para aliviar o estresse. Em vez de nos concentrarmos em sua frustração com a comida, lemos as manchetes do jornal da cidade. Enquanto ela não consegue se sentar sem tombar para o lado, escolhemos cores de tinta para o novo cômodo. Quando sua mão esquerda não funciona, tentamos limpar a casa. Mas nunca funciona. O jornal não importa, as cores são irrelevantes e a casa nunca ficará limpa de novo. Nossos pensamentos estão voltados para Elena e para o futuro, por mais que tentemos proteger nossa sanidade e a nós mesmos.

O sentimento de estar sem controle é o que mais machuca. Afinal, desde o começo da vida, aprendemos que, se fazemos o bem, recebemos o bem. Ao levar o lixo, ganhamos mesada. As boas notas trazem a promessa de sorvete. Mas, o tempo todo o controle é o que nos engana. Agora sabemos que temos pouco controle sobre nossas vidas. Ao olharmos para Elena, perguntam o que fizemos de errado, e como podemos consertar. Eu gostaria de acreditar que levamos nossas vidas sem pecado e ajudando os outros, mas ainda me pergunto se podíamos ter feito mais.

É uma ideia ridícula, não ocorre por algum motivo em especial a uma pessoa em especial, mas no fundo não conseguimos deixar de pensar nisso. Nunca conseguiremos, independente de quantas vezes as pessoas disserem o contrário. Mas, por outro lado, você quer que seja verdade. Não porque quer encontrar um erro seu – a culpa não tem nada a ver com isso, por mais que as pessoas pensem isso. Em vez disso, você quer que seja verdade porque isso dará sentido a sua vida e lhe dará a fé de que tanto precisa.

Afinal, se a vida tem a ver com consequências e bondade, você volta ao controle. Pode justificar a própria tragédia com base no pecado e melhorar em busca de sorte. Você deixará de temer a vida e questionar o futuro, porque a vida pode ser o que você quer que ela seja. E, assim, o tempo é infinito e sem valor real. As boas ações significam mais tempo.

Na realidade, é melhor sem controle. Afinal, sem controle o tempo é o fator mais compreensível. As boas ações são realizadas não por causa de uma sorte prometida, mas porque são a coisa certa a se fazer. E hoje é a única coisa pela qual se deve viver. Essa é a lição de Elena, e a tragédia de uma doença terminal. Infelizmente é uma lição que eu gostaria que nunca tivéssemos de aprender.

Até mesmo nosso diário é uma distração. Nos dias ruins, falamos sobre as reflexões, e nos bons, falamos sobre como passamos as horas em família. Hoje não foi um bom dia. Ela não conseguiu ficar em pé, mal conseguiu comer e não pôde se sentar sem tombar para o lado. E apesar de dizerem que precisamos esperar cinco dias depois do início do tratamento para tirar qualquer conclusão, Brooke e eu nos perguntamos quanto ainda conseguiremos aguentar. Amanhã é o quinto dia, e não conseguimos nenhum avanço desde quarta-feira. Então, assistimos à televisão, escrevemos no diário e escolhemos cores, o tempo todo pensando sobre a única coisa que não conseguimos discutir.

Dia 187 – 3 DE JUNHO

As pessoas no posto de gasolina devem ter pensado que eu era louco. Não, não porque parei meu carro ali quando o preço da gasolina estava o mais alto do ano; essa foi a parte razoável de minha presença ali. Não, os olhares de estranhamento vieram enquanto eu dava voltas no carro, fazendo caretas e batendo nas janelas. É claro que o que elas não conseguiam ver pelas janelas escuras eram Gracie e Elena no banco de trás, sorrindo com as brincadeiras do pai. Não sou totalmente louco (pelo menos não ainda), desde que não esteja tentando arrancar sorrisos. E nessa brincadeira, o que conta é o elemento surpresa e as caretas.

Corro de um lado a outro, aparecendo em uma janela diferente e com uma cara diferente a cada vez. Depois, eu me abaixo de novo e corro para a janela seguinte, tomando o cuidado de não tropeçar na mangueira de combustível. Dessa vez, apareci na frente e elas me viram pelo vidro do parabrisa. Depois, fui para trás, causando gritos de surpresa e risadas que só eu consigo escutar do lado de fora. Mas depois de três voltas, minhas costas e pernas imploram por descanso, enquanto lá dentro as meninas gritam pedindo mais. Azar o meu por não ter comprado um carro menor – pelo menos, a essa hora, o tanque já estaria cheio. Mas estou com apenas metade do tanque cheio. Agora, restam os truques antigos. Começo com a brincadeira da escada e depois do elevador. Brooke rola os olhos, mas as meninas querem mais. "Aqui, papai", Gracie grita ao apontar para a sua janela. Parece que a experiência tem um sentido especial se for em sua janela. Eu concordo e vou para o outro lado. Perto do fim, finalmente escuto o barulho da bomba de gasolina e percebo que é hora de partir.

Na verdade, estou atrás de sorrisos e risadas. Então, da próxima vez que você me vir correndo ao redor do carro, balançando os braços e batendo nas janelas, saberá que as meninas estão lá dentro e que estou batalhando por meus sorrisos. Pode olhar o quanto quiser... e depois tente fazer o mesmo para seu filho. Juntos, seremos os malucos do posto.

Dia 190 – 6 DE JUNHO

Dá para sentir a ansiedade no ar. É o penúltimo dia de aula. Estou triste por não ter podido estar presente no último dia "real" de aulas hoje. Detesto amanhã porque não quero que as aulas terminem, e que o progresso termine, e que o aprendizado termine, e que o propósito termine. Três meses não é mais uma eternidade e, assim, desesperadamente quero estar ao lado dela no próximo ano escolar de novo, esperando o sinal. Devo ter olhado para o bilhete solicitando os materiais escolares para o próximo ano por cerca de 20 minutos. Nunca quis tanto preencher um formulário como quis preencher aquele. Então, deixei o formulário de lado e entrei na Internet em uma tentativa desesperada de encontrar apenas um sobrevivente de um glioma pontino intrínseco difuso. Gostaria de ter esperança.

Dia 196 – 12 DE JUNHO

Ao longo de sua vida, Elena sempre foi elogiada pelos linds olhos e belos cabelos. Para destacar seus longos cachos, ela tinha a maior coleção do mundo com os mais variados elásticos de cabelo, presilhas e, claro, faixas. Faixas de todas as cores, e a maioria delas com costuras brilhantes ou com bordados. Elena nunca vestiu roupas chamativas, mas sempre soube que o "brilho" tinha de estar no cabelo. Este ano mesmo ela pediu para começar a ter a honra de pentear o cabelo antes de ir para a escola e cuidava para que ele estivesse lisinho e brilhante antes de aplicar o ornamento do dia. Quando nos reunimos com os médicos no começo, eles avisaram sobre a possibilidade de seus cabelos ficarem mais finos nos pontos onde a radiação entrasse e saísse de sua cabeça. Apesar de ter havido um pouco de queda, seu cabelo era tão grosso que ela conseguia esconder os efeitos com facilidade.

A primeira quimioterapia de Elena foi de um tipo de dose baixa que não causava queda de cabelo. Na verdade, era um pouco estranho caminhar pelo hospital com os cabelos. Na maioria dos dias, havia caixas com chapéus coloridos no balcão de entrada, de onde as crianças podiam escolher seus acessórios diários ou as perucas feitas com materiais engraçados ou com o personagem favorito. Ainda me lembro quando Elena, depois de perceber que fazia parte da minoria com cabelo, perguntou se ficaria careca. Depois de lhe responder que não perderia os cabelos, ela pediu para pegar um chapéu feito à mão que chamara sua atenção.

Infelizmente, essa nova quimioterapia é muito mais forte, e é provável que ela também se una à maioria de seus amigos no hospital que usam chapéus engraçados. Esta noite, pela primeira vez, percebi muito mais cabelos na escova. Perguntamos se queria experimentar um novo penteado, e ela enfaticamente negou com a cabeça. Sugerimos que analisasse estilos diferentes para ver se poderia gostar de alguma coisa, mas ela deu de ombros. Não sei como ela lidará com a perda de seus lindos e longos cabelos depois de ter tido momentos tão difíceis com o inchaço de seu rosto. Talvez seus cabelos sejam piedosos, e ela tenha apenas uma queda leve. De qualquer modo, continuaremos com a menina mais bonita, de olhos grandes e brilhantes, e o rosto mais adorável. Teremos de aumentar nossa coleção de enfeites de cabelos para as perucas mais legais que existem.

Dia 198 – 14 DE JUNHO

Você quer esquecer desesperadamente. Essas não são as lembranças que você quer ter ao lembrar de sua filha. Você quer se lembrar das suas risadas ao perseguir a irmã no quintal ou de quando a ninava carinhosamente em seus braços. Mas hoje não foi um dia para lembrar. Foi um dia de sobrevivência. Mas os momentos e as horas não têm preço, e você se prende a eles. Recuperando-se da quimioterapia, Elena não conseguiu comer nem beber sem uma grande dificuldade. Cada esforço de levar o copo aos lábios resultava em engasgos e tosses, sinalizando que deveríamos parar pelo medo de que ela tenha uma pneumonia. Os lábios e os dentes estão igualmente resistentes, unidos de modo firme, impedindo a passagem da colher e do canudo. Então, por enquanto, nos voltamos para as bebidas nutricionais oferecidas por meio de um conta-gotas, uma gota por vez. E quando não estávamos forçando sua ingestão, ela passou o restante do dia na cama, olhando para o teto. Não acredito que tenha dormido, mas foi uma desculpa para não fazer nada, e ela gostou disso. Felizmente o vovô e a vovó a visitaram para levá-la para nadar um pouco, ou, então, ela teria passado a melhor parte do dia com sua nova cor favorita: branco-teto. Pelo que soube, ela deu pernadas e boiou uma hora inteira. Gostaria de saber se eles têm branco-teto na piscina.

Nunca imaginei que alimentaria minha filha com um conta-gotas, ou que sucumbiria à melancolia de sua situação a ponto de permitir que ela ficasse com o olhar perdido na distância. Não é essa a lembrança que pretendo ter, e nunca planejo fazer isso de novo. Hoje foi um dia sem lição de moral ou mensagem. E pela primeira vez pensei em como seria se tudo terminasse. Seria rápido ou lento? Como regiríamos? Seria nossa culpa? E naquele momento, também me perguntei se poderia me proteger da perda. Poderia ensinar a mim mesmo a ignorar meus sentimentos e me enganar pensando que não importava? Mas, ao fazer essa pergunta, encontrei a resposta. O simples fato de fazer essa pergunta mostrou que importava, e que eu não deixaria de me importar ou de lembrar. Ainda assim, hoje não foi um dia para lembranças, não é para ser lembrado. Esse processo de pensar tem de acabar. E acabou. Amanhã criaremos lembranças.

Dia 199 – 15 DE JUNHO

Comfort Care, Star Shine, Palliative Aid. Aparentemente, existem muitos nomes para o passo mais temido entre as famílias de pacientes com câncer. Começamos o tratamento para pacientes terminais hoje com grande hesitação. Nosso médico vinha sugerindo esse tratamento nas últimas semanas, e pediu que nos encontrássemos com a equipe, mesmo que fosse apenas para conversar. Relutamos e insistimos em dizer que estava tudo sob controle.

Mas, mesmo a contragosto, pensamos melhor e contratamos esse serviço, mesmo que seja apenas para evitar que Elena tenha de passar uma noite no hospital. Assim que tomamos essa decisão, Elena instantaneamente começou a beber mais líquidos, tomou dois copos de sorvete e comeu dois pretzels. Milagrosamente, a boca que não conseguia abrir para as bananas amassadas do papai abriu bastante para aceitar os donuts miniaturas que a vovó trouxe para o café da manha. Além disso, pelo lado positivo, sua mão e pé estavam mais soltos do que nas últimas semanas. Mesmo assim, fomos adiante com nosso plano para que ela se recupere com mais rapidez.

Hoje à tarde, nos reunimos com a equipe de tratamento a pacientes terminais e nosso médico. Conversamos sobre o que poderíamos fazer para deixá-la confortável e ficamos surpresos com o que esse tratamento oferece. Apenas agora percebemos por que nosso médico estava tão interessado em nos reunir com a equipe. Eu me arrependo de ter caído na armadilha de pensar que o tratamento para pacientes terminais era a mesma coisa que desistir. Fiquei feliz em saber que eles têm massagens terapêuticas para Elena. Sei que é disso que ela mais vai gostar.

Eles também passaram uma fita tentando ensinar a dois pais exaustos a se lembrar do processo de cem passos para aplicar um soro na veia. Depois, passamos mais uma hora ensinando-lhes o processo de cem passos para lidar com Elena. Deixamos claro que eles teriam uma tarefa muito difícil. Eles receberam bem a oportunidade de ajudá-la a voltar a ser obstinada e independente. Sugeri que se a enfermeira quisesse fazer amizade rapidamente amanhã cedo, talvez devesse levar donuts *miniatura. O que começou como uma conversa assustadora, surpreendentemente me deu esperança. Esse não seria o início do fim; apenas nossa aceitação de que precisamos de ajuda de vez em quando.*

Dia 200 – 16 DE JUNHO

Acabou a ideia de ser policial ou professora. Esta noite, Gracie nos informou que mudou sua escolha de profissão, e que desta vez é definitivo. Em vez de "atirar nos caras malvados" e lecionar, ela decidiu ser médica. Mas não qualquer médica. Ela quer ser a médica de Elena. Quer ser oncologista pediátrica. Afinal, esses médicos usam luvas azuis, máquinas que fazem barulhos, e ajudam crianças. O que poderia ser melhor? E enquanto remexia os pés na maca do hospital, ela sussurrou à mamãe que a melhor parte a respeito de ser médica seria que ela "poderia vestir o grande avental branco". Hora de começar a economizar para a faculdade... e para o avental.

Então, mexendo nas luvas azuis de látex que surrupiou do hospital com habilidade e escondeu no bolso do shorts, ela tomou uma decisão. Tem de ser uma oncologista pediátrica, e precisa "se apressar a crescer". Afinal, Elena precisava de sua ajuda, e Gracie estava determinada a ser sua nova médica. "Doutora Gracie", como ela agora se refere a si mesma. Mas, no carro, Elena simplesmente lançou-lhe um olhar de desdém. Afinal, aquela não era a menina que nos disse, na semana passada, que não queria alimentar os peixes e que poderíamos mandá-los descarga abaixo? Certo, então ela terá de aprender um pouco de psicologia infantil até lá. Por enquanto, ela tem belas luvas azuis...

Dia 201 – 17 DE JUNHO

Ultimamente vivemos em momentos rápidos. Conforme os dias passam, a situação de Elena parece ser o oposto das alternativas. Ela não se recuperou como esperávamos do último tratamento de quimioterapia, e agora pensamos no que esperávamos evitar. Agora sei pelo que outros pais passaram antes de nós. Mas ainda há aqueles sinais que nos dão esperança: o sorriso involuntário antes de tossir, o braço envolvendo meu pescoço enquanto desço a escada com ela em meu colo, e o bocejo. Dizem que seus bocejos são reflexos, mas Brooke e eu vivemos esperando por eles. Apesar de, normalmente, só conseguir abrir um pouco a boca, a cada bocejo ela a abre completamente. Mas o mais encorajador é sua voz, que reaparece a cada bocejo, alta e melodiosa. Por que, não sabemos, mas a cada bocejo esperamos que as habilidades de Elena retornem e que essa doença seja uma lembrança distante. Não é o que acontece. Ainda assim, seus bocejos são momentos de comemorar, pois nos lembramos do som de sua voz e da doce canção da inocência. Tentamos forçar um bocejo, fazendo o gesto e forçando uma exaustão que já sentimos, mas não obtemos resultado. Então, ficamos esperando pela próxima oportunidade.

Por mais que tentemos, não conseguimos nos lembrar de como Elena era ou de como era sua voz. Então, ontem à noite, assistimos aos vídeos de trinta segundos gravados no hospital, em nossas câmeras digitais. E apesar de ainda não ser sua voz, verdadeiramente, é bem perto para que nos lembremos. Em alguns dias, me pergunto se nos esqueceremos da beleza de seu rosto da mesma maneira, ou se apenas lembraremos como ela terminou. Já passei por isso, assim como qualquer outra pessoa que leia isto – apenas temo essa ideia.

Também descobri que comecei a viver entre piscadas. O que é doloroso demais assistir faz com que eu feche meus olhos, mas logo os abro com medo de perder um momento. Acredito que isso seja natural, mas ultimamente, quando ela cai no chão, engasga com o macarrão instantâneo ou chora de exaustão, tenho passado mais tempo do meu dia com os olhos fechados. Talvez, quando abri-los, de repente ela esteja melhor. Mas isso não passa de um sonho. De certo modo, não acho que vai melhorar amanhã.

Dia 203 – 19 DE JUNHO

Sinto-me como se tivesse corrido uma maratona. Nos últimos dias, tenho sentido coisas que nunca quis sentir, tenho chorado com uma dor de cabeça constante e provavelmente dei um nó em meu estômago que faria inveja a muito escoteiro. Keith e eu temos ficado acordados até tarde, tentando encontrar uma maneira de fazer Elena comer, para que ela não tenha de usar uma sonda para alimentação.

Esta noite, comecei o processo de duas horas tentando alimentá-la no jantar e diversificar o cardápio, deixando de lado o iogurte de sempre e tentando canja de galinha. Depois de dez colheiradas, ela não quis mais. Perguntei se queria leite comum, e não aquele reforçado que tentamos forçá-la a beber. Ela pegou o copo de remédio e praticamente sugou tudo. Ainda tossiu depois, mas Keith e eu ficamos boquiabertos.

Keith abriu o armário para guardar alguns alimentos e Elena ergueu um dedo trêmulo. Depois de tentarmos vinte perguntas, descobrimos que queria cereal Goldfish. Ela mastigou com cuidado três deles. Depois, abrimos a geladeira e o armário para que ela escolhesse o que queria. Seu jantar foi composto por três cereais, metade de uma fatia de queijo, uma bola de sorvete e, como recompensa, chantili. Não foi saudável – mas pelo menos não usamos um tubo de alimentação. Cada "prato" foi mastigado cuidadosamente, e ela tossiu com frequência, mas tudo desceu.

Depois que o papai colocou Gracie na cama, perguntei a Elena se queria comer mais. Ela negou com um movimento de cabeça e apontou para as bochechas. Eu entendi finalmente: ela estava com receio de que, se comesse mais, suas bochechas ficariam maiores. Eu disse que ela estava bonita e ela negou de novo, apontando para as bochechas. Tentamos explicar que os esteroides faziam seu rosto inchar, e não a comida, mas ela se recusou a acreditar em nós. Se ao menos ela soubesse.

Dia 204 – 20 DE JUNHO

Até agora, tudo que nos disseram estava errado. Disseram que ela viveria três meses além da radiação, ou 135 dias. Estamos no dia 204. Disseram que ela sobreviveria por sete meses, talvez. Na próxima semana, ela superará essa marca. Disseram que, depois da progressão, talvez tivéssemos mais três semanas. Ela já completou nove semanas depois da progressão. Agora, quando nos dizem para nos prepararmos para o fim, e depois dos problemas respiratórios que ela enfrentou, e a ideia de usar um tubo de alimentação, nos vemos, de novo, diante do inevitável. Esta manhã ela acordou, bebeu dois copos de leite e comeu o café da manhã todo. Na hora do almoço, comeu biscoitos e queijo, e estava pedindo para ir ao shopping center. Hoje à noite os médicos disseram que não sabem, e é exatamente o que queremos escutar.

O anormal é nossa melhor esperança. Se o normal é terminal, então o anormal deve ser a vida. Independente de como acontece ou até que ponto conseguimos explicar, o anormal também pode trazer uma cura. É assim que a ciência da medicina é escrita: em pequenos passos, anormalidades, tentativas e erros. Acredito que se encontrarmos uma cura para o glioma pontino intrínseco difuso, encontraremos uma cura para *todos* os tipos de câncer. A solução está nos casos mais tristes e no espírito afetuoso de nossos filhos.

No fundo, a ciência pioneira da medicina não tem tanto a ver com educação ou pesquisa – tem sim com coragem e com encontrar a habilidade de dizer: "Eu não sei". Então, esta noite, quando os médicos foram a nossa casa durante seu tempo livre, encontramos fé na sua sinceridade. E quando disseram que o caso de Elena é "anormal", Brooke e eu encontramos consolo. E quando eles disseram "Não sabemos", nós comemoramos. Nós também não sabemos. Vamos descobrir juntos. Estamos em mãos muito boas.

Dia 207 – 23 DE JUNHO

Hoje, precisávamos de uma desculpa para paparicar Elena. Com a perda de cabelo e o inchaço nas bochechas, ela precisava de todos os paparicos que podíamos oferecer. Gracie, sempre a mais aventureira, foi a primeira. Unhas cor-de-rosa e vermelhas e cachos de Shirley Temple – que figura! E conhecendo Gracie, nada de comum. Deixou de ser uma moleca – pelo menos até os cachos se desfazerem. Elena, sempre tímida, ficou fascinada com as mechas vermelhas da esposa do cabeleireiro e finalmente decidiu fazer algumas. Depois de três idas ao cabeleireiro para fazer cachos, tranças e penteados, ela precisava de algo diferente – algo rebelde. Além disso, ela simplesmente gostou da cor vermelha. E estou dizendo *vermelho mesmo*! *Tinta permanente vermelha!* Que seja.

A mamãe e eu não íamos dizer não a uma menina que passou os últimos sete meses sendo furada e examinada em hospitais de Estado a Estado. Vamos colocar limites quando o assunto for tatuagens e *piercings* – pelo menos por enquanto. Mas acredito que se ela voltar ao salão, logo estará pedindo tatuagens e piercings.

Duas horas depois, Elena estava com seu penteado e corte novos, além de um cachorro de pelúcia de 1,20 metro e uma raspadinha de cereja, tudo cortesia do salão, que se esforçou para deixar Elena à vontade, apesar de sua constante dor nas costas. Talvez as tatuagens não sejam tão ruins assim, desde que não feitas em minhas filhas. Mas o passeio certamente valeu a pena, e Elena adorou exibir seu cabelo novo. Talvez isso faça com que ela pare de pensar nas bochechas, mesmo que seja por pouco tempo.

Dia 210 – 26 DE JUNHO

Nós os chamamos de pedidos imprevisíveis. E eles costumam acontecer às duas da madrugada. Ela acorda, cutuca a mãe e geme algo incompreensível. Perguntamos se quer se deitar de lado. Ela nega com a cabeça. Perguntamos se quer se deitar de costas. Ela nega com a cabeça. Perguntamos se quer que puxemos os cobertores para cima de seu braço. Ela geme de novo – dessa vez sabemos que está dizendo não. Perguntamos se quer outro bichinho de pelúcia ao seu lado. Ela nega com a cabeça. Perguntamos se sua perna dói. Ela geme um não. E começa a ficar frustrada. Acendemos a luz, procurando por algum sinal que ela possa nos dar com o rosto. Pedimos que repita o que disse. Dessa vez, pensamos ter entendido que ela quer "tirar o casaco da vovó". Sabemos que não é isso, mas não repetimos a frase com medo de que ela fique nervosa e se descontrole. Hora de acordar a casa.

Logo, todas as luzes são acesas e começa um jogo de adivinhações de madrugada. Ela tenta soletrar, mas, com a paralisia, só conseguimos entender os Is e os Ls. Não adianta. "Pegue o bloco de papel!" Dois minutos depois, com papel em mãos, ela desenha um pequeno U com uma linha sobre ele. "Isso é um desenho ou uma vogal?" Ela simplesmente balança a cabeça. Perguntamos se está em seu quarto. Ela nega com a cabeça. Perguntamos se é alguma coisa em seu corpo. Ela geme um não. É quando faço a pergunta mais importante da noite: "Tem a ver com hoje à noite?".

Ela nega. Geralmente as coisas continuam assim e vamos tentando adivinhar:

Ela quer dormir de lado;

Ela quer dormir de costas;

Ela quer virar para o outro lado;

Ela quer o apoio da mão;

Ela não quer o apoio da mão;

A perna direita precisa de um travesseiro;

Ela quer pedir o café da manhã;

Ela quer dizer que quer dormir com a mamãe amanhã (nunca com o papai);

Ela quer dizer que quer que a mamãe fique em casa com ela amanhã de manhã (nunca o papai, de novo);

Ela não quer terapia;

Está lembrando que o frasco de comida do peixe ficou destampado;

Quer que os cobertores sejam ajeitados;

Está apenas testando sua velocidade para reagir à campainha (ela adora esta);

Ainda está dormindo, mas em cima da campainha;

Precisa ir ao banheiro;

Ou um pedido imprevisível...

Na maior parte das vezes, ela pede algo simples, como uma bebida ou ir ao banheiro. Outras, temos sorte e acertamos na primeira ou na segunda tentativa. Mas são os pedidos imprevisíveis os mais difíceis. Isso ocorre quando ela quer nos dizer algo que nada tem a ver com o que está fazendo no momento.

Frequentemente, é apenas uma observação, e ela não quer nada. Ela só quer que saibamos de algo que viu mais cedo. Outras vezes, quer nos dizer algo que quer que façamos amanhã ou outro dia. Ela quer dizer que pretende usar meias cor-de-rosa amanhã, ou que contou cinco bandeiras na rua quando estava voltando do hospital. De qualquer modo, é quase impossível adivinhar. Ainda assim, quando ela perdeu a voz, prometemos que desde que ela não desistisse, nós não desistiríamos. Nossa recompensa: o maior e mais valioso sorriso que se pode imaginar quando ela percebe que ainda consegue se comunicar conosco, apesar de tudo.

A terapeuta da fala veio ver Elena hoje para nos ajudar a melhorar nossa comunicação. Percebendo que a língua de sinais não mais funciona, estamos utilizando um livro de figuras, símbolos e palavras para ajudar. Então, hoje, tiramos fotos de quase tudo da casa que ela pode querer: de seus animais, de sua cadeira, travesseiro, e até do sorvete. Depois, tiramos fotos dela deitada de lado, de costas e com o cobertor sobre seu corpo. O último grupo de fotos irá para uma seção separada do livro, chamada "Noite". Talvez agora possamos dormir um pouco mais. Só na noite passada, Elena acordou oito vezes. Em sete delas, queria ser reposicionada. Em uma, era um pedido improvável. Esse pedido demorou mais para ser compreendido do que todos os outro sete juntos.

Se quer saber, demoramos trinta minutos para entender o pedido imprevisível. Mais cedo, Gracie estava alimentando o peixe e esqueceu de tampar o frasco de comida. Não me pergunte como conseguimos entender essa. Então, depois de meia hora de tentativas, fomos lá embaixo, colocamos a tampa no frasco da comida do peixe e o levamos para cima como prova. Ela sorriu e logo voltou a dormir. Demoramos uma hora para fazer a mesma coisa.

A terapeuta da fala não entendeu por que lh pedi que tirasse uma foto do frasco de comida com a tampa fechada, mas Elena sim. Colocamos isso na seção "noite". Acredito que logo precisaremos também de uma seção de "Pedidos imprevisíveis".

Dia 212 – 28 DE JUNHO

Sete meses são pouco tempo. Mas nunca pensei que chegaríamos a tanto. Após recebermos a notícia de que ela tinha 135 dias de vida, e posteriormente avisados de que deveríamos esperar sete meses, agora temos motivos para comemorar. Mesmo assim, sete meses são pouco tempo.

Acredito que Elena, agora, entra em um terreno não explorado. Enquanto escrevo isto, soube de outro caso de uma criança que perdeu sua vida para essa terrível doença. O câncer vence de novo. E apesar de estar feliz por Elena, infelizmente sei que se ela ficar acima da média, haverá outra criança sendo vítima da doença. Esta é a lei das médias. Então, esta noite, quando der um abraço um pouco mais demorado em Elena com um pouco de alegria em meu coração, sei que a batalha ainda nos espera adiante, surgindo com incerteza e sem misericórdia.

Hoje Elena fez quimioterapia e eu me encontrei com a equipe competente e apaixonada de médicos, e fiz as perguntas que nunca gostaria de ter feito. Se ela morresse, como seria? Seria tranquilo? Ou seria da maneira que temo, aquela que sua mente imagina ao ler os relatos de outros pais a respeito dos últimos momentos de seus filhos? É claro que eles nunca dizem isso agora, mas como um pai que enfrenta o mesmo desafio, dá para ler nas entrelinhas. Quando eles dizem "Foi uma noite longa", você sabe que foi mais do que apenas falta de sono. Quando dizem que seus filhos tiveram dor de cabeça, você sabe que foi muito mais que isso. É um código que você não gostaria de ter aprendido.

Infelizmente, a resposta deles não foi a esperada. Disseram que podemos esperar por problemas respiratórios; que pode ser por falta de nutrição ou de líquidos; que pode ser um sangramento interno; que pode ser uma convulsão. Não queria as respostas, mas sabia que precisava saber. Meus piores medos seriam muito piores do que a realidade.

Dia 215 – 1º DE JULHO

Eu ficaria feliz com a cadeira de balanço na varanda. Brooke quer uma cozinha nova. Gracie quer espaço para andar de bicicleta. Elena só quer tudo pronto. Todos queremos ar-condicionado. O projeto da reforma que começou na hora errada se arrasta, principalmente devido à minha ausência, e sempre por falta de dinheiro. De certo modo, depois que abrimos o buraco e fizemos a fundação, o câncer não estava em nossos planos. Mas agora ele está aqui, e estamos atrasados demais para impedi-lo. Então, revemos o orçamento para o projeto, fazemos mais partes dele sozinhos e nos comprometemos em uma batalha contra o tempo.

Não é a primeira vez que fazemos uma reforma. A última foi quando Elena tinha dois anos e Gracie ainda estava aconchegada nos braços da mamãe. Mas, na época, a reforma foi na cozinha, e eu estava apenas aprendendo. Dizer que não tinha habilidade seria um elogio. Mas isso nunca importou para Elena. O tempo todo ela esteve ao meu lado oferecendo um biscoito quando eu estava cansado, um carinho na cabeça quando acertava o dedo com o martelo, e um elogio pelo resultado, independente de quão ruim estivesse. Os azulejos estavam tortos, as tomadas mal colocadas e as peças de metal, remendadas, mas para Elena tudo era uma obra de arte. Dia após dia, ela se sentava no último degrau da escada dobrável e dizia: "Oh, papai, que lindo", unindo as mãos e levando-as ao peito. Às vezes, eu perguntava a mesma coisa sem parar só para me sentir bem. Minutos depois, Brooke chegava e ria, dizendo: "Está meio estranho" ou "Vai ficar pingando deste jeito?". Mas para Elena, estava perfeito.

Hoje à noite, enquanto montava os armários da sala de estar, eu só queria escutar seus elogios. Não que eu precise deles – sei fazer os acabamentos, finalmente aprendi a instalar uma tomada, e não mexo mais no encanamento – mas se estivesse ouvindo suas palavras, significaria que tudo estaria bem. No canto, fica a escada onde ela costumava se sentar para comer biscoitos enquanto eu trabalhava. A cada prego olho para trás esperando vê-la ali. Enquanto isso, sei que ela está em outro cômodo com Brooke, deitada no sofá, recebendo fluidos por via intravenosa. Não é assim que quero ver minha menininha nem como imaginei que a vida seria. Largo o martelo. Deixou de ser divertido sem Elena.

Amanhã prometo montar a cadeira de balanço. Desde a primeira planta e antes de termos escutado a palavra "câncer", eu disse a Elena que lhe construiria um balanço na varanda, para que pudéssemos ficar sentados lá fora, conversando enquanto o sol se punha. Hoje, isso parece uma lembrança distante enquanto o sol se põe em minha filha. A varanda não está pronta, o concreto ainda não secou e as telhas continuam na garagem. Mesmo assim, até amanhã à noite montarei o balanço para poder me sentar com ela mais uma vez. Talvez até comamos alguns biscoito.

Dia 216 – 2 DE JULHO

Nunca pensei que ela fosse melhorar. Depois de escutar todas as opiniões dos médicos e de ler diversos sites na Internet, nem uma vez pensei que fosse superar a doença. E apesar de postar mensagens de esperança e de pensamento positivo, nunca acreditei de verdade que aconteceria conosco. Pode ser porque nunca tive esperança desde o começo, ou porque estivesse tentando me proteger de uma decepção. De qualquer modo, a ideia de uma cura nunca passou pela minha cabeça – até hoje à noite.

Eu havia decidido me entregar aos momentos finais. Depois da nova quimioterapia e da chegada dos tanques de oxigênio e dos soros à casa, acreditamos que este seria o último tratamento de Elena. Mas assim como tudo relacionado a essa doença, parece que estamos errados. O dia começou normalmente, pelo menos dentro do que é normal em nossa casa agora. Acordamos Elena às sete da manhã e trabalhamos juntos para vesti-la e pentear seus cabelos, dessa vez, parando quatro vezes para tirar os cabelos que caíram, antes de continuar. Depois, descemos e tentamos alimentá-la. Mas como sua boca só abre um centímetro, novamente precisa se alimentar de leite e iogurte. Mas, o mais surpreendente foi o que ocorreu quando saímos para trabalhar. Foi quando Kelli e a vovó assumiram os cuidados, e Elena começou a se recuperar. O plano era ir à casa da árvore da comunidade, uma casa na árvore para crianças de todas as idades e com todas as deficiências. Sentimos que essa seria uma desculpa não apenas para sair de casa, mas também uma oportunidade para Elena olhar para algo que não fosse apenas o teto enquanto comia seu almoço. Então, depois de preparar uma cesta de piquenique, Gracie, Elena, a mãe de Brooke e Kelli saíram. Eu recebi a notícia de que Elena comeu mais do que suas doses de iogurte e leite. Comeu biscoito de pasta de amendoim, algumas batatinhas, amoras e um pouco de presunto e queijo. E mesmo que três meses atrás isso fosse considerado normal, hoje foi uma conquista espetacular. Passos pequenos, mas com certeza na direção certa.

Quando voltei para casa, Elena estava pronta para o jantar e, pela primeira vez em mais de um mês, começou a se comunicar por meio de palavras, e não pela língua de sinais. Melhor ainda: a decisão foi tomada por ela. E apesar de apenas ter dito "Quero que a mamãe me ajude amanhã de manhã", "Estou tentando levantar minha cabeça" e "Não quero tomar banho", Brooke e eu percebemos que havíamos progredido. Ela estava tentando, assumindo o controle e finalmente conseguindo articular palavras com as cordas vocais antes paralisadas. O melhor de tudo é que foram frases, não apenas palavras.

Vi Elena melhorar, e não foi apenas por causa da radiação. Foi pela sua vontade e, esperamos, pelo tratamento. E esta noite, pela primeira vez, estou imaginando como será a cura. Ela vai ganhar alguma coisa todos os dias em vez de perder? Vai retomar todas as suas capacidades ou apenas algumas? Quanto tempo demorará a recuperação? De qualquer modo, é bom ir para a cama pelo menos uma noite e rezar pelas coisas boas em vez de se lamentar pelas circunstâncias. E apesar de não querer ir longe demais, vou aproveitar este momento para tentar imginar como pode ser tê-la de volta como antes.

Dia 219 – 5 DE JULHO

Sempre me senti como uma criança. Pelo menos com Elena. É verdade que sou bem mais velho, mas nos últimos seis anos, ela tem sido uma adulta, com uma sabedoria que transcende gerações e um equilíbrio único de emoções e bom-senso. Mesmo quando ainda era bebê, tive a sensação de que eu estava sendo julgado por ela e levado a ser um pai melhor. E devo dizer que ela é uma excelente orientadora.

Desde o começo ela me ensinou a pedir desculpas (na maioria das vezes à mamãe; às vezes me questiono se a mamãe teve participação nisso) e a passar mais tempo com a família. O trabalho e as tarefas podem esperar até amanhã – a família vem antes. E mesmo hoje, enquanto se esforça para conseguir comer e não consegue imaginar seus primeiros passos pela terceira vez na vida, ela ainda encontra uma maneira de melhorar o pai. Dessa vez, ela se voltou contra um hábito ruim: estalar os dedos.

Hoje de manhã, enquanto eu estava no sofá com ela em meus braços, estalei meus dedos e ela resmungou, olhou para cima e colocou a mão direita sobre meu dedo. Balançando a cabeça e mostrando o próprio dedo, eu soube o que ela quis dizer. Prometi que tentaria. É um tique nervoso, mas vou tentar. E tentei, pelo menos por cinco minutos, e, sem querer, estalei os dedos dos pés dentro dos sapatos. Mal sabia que estava sendo testado; ela abriu os olhos e dessa vez fez um gesto para seus sapatos. "Não", ela resmungou e ergueu a mão para dizer "pare". "Entendi", respondi.

Até hoje, enquanto Elena se esforça para comer e falar, ela tenta melhorar as outras pessoas. Sempre sendo a professora, a mãe e o anjo, Elena se preocupa mais com meus dedos do que com sua situação.

Dia 221 – 7 DE JULHO

Hoje trabalhei com Elena para fazer com que ficasse em pé para um pouco de terapia. Ela reagiu com reclamações e bicos. Quando perguntei se estava sentindo dor, ela disse não. Perguntei se estava com medo de cair, ela disse não. Perguntei por que estava tão alterada, ela deu de ombros. Ela conseguiria ficar em pé por cinco minutos com minha ajuda, mas simplesmente não queria tentar. Pela primeira vez, não consigo me conectar com minha filha. Não consigo decifrar seu humor e sentimentos. Sinto-me tão impotente porque, em um momento em que quero fazer qualquer coisa e tudo para deixá-la feliz, não tenho êxito.

Hoje à noite Gracie encontrou as barras de chocolate que minha mãe havia guardado para fazer s'mores.[2]*. Foi como ouro para Elena. Há muito tempo não a via sorrir tanto. A cada mordida, ela simplesmente ria de orelha a orelha. Ao final do dia, decidimos que poderíamos realizar a terapia*

---

2 S'mores: doces típicos dos Estados Unidos e Canadá, feitos com biscoito e recheados com marshmallow e chocolate.

do chocolate três vezes por dia e pesquisar sobre ele no famoso hospital da Hershey. Você acha que eles oferecem a versão intravenosa?

Dia 226 – 12 DE JULHO

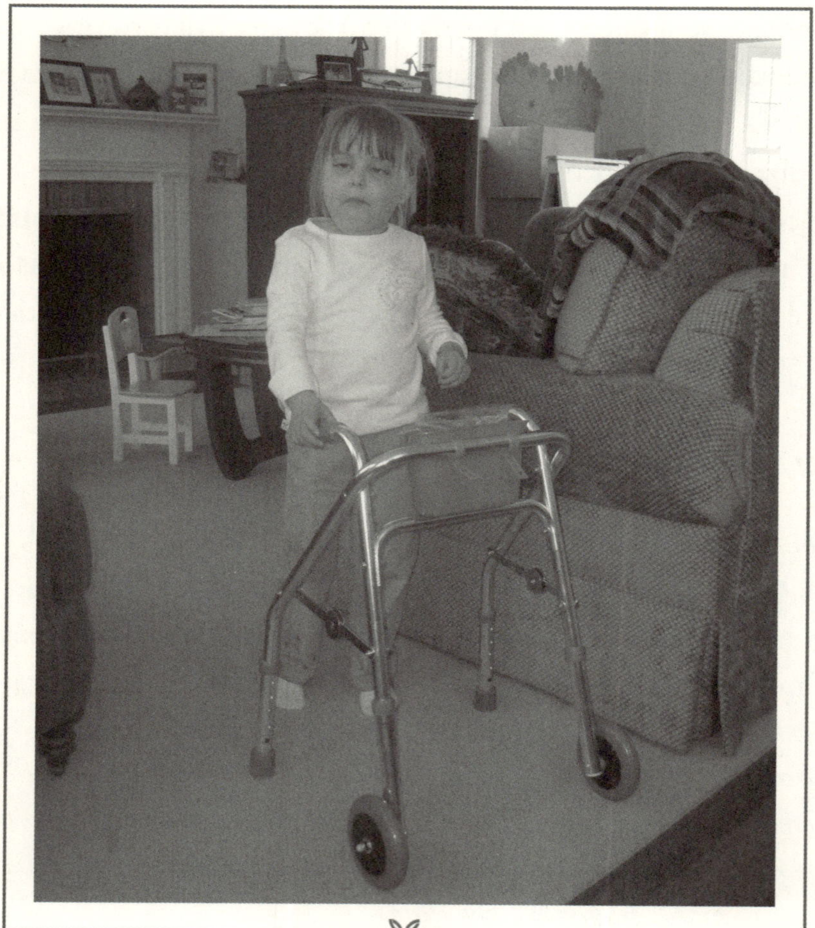

A terapia é uma negociação. É claro que com Elena quase tudo é. Sua determinação e perseverança também podem ser teimosia quando ela quer. Acredito que se passasse pelo que ela tem passado, eu seria assim também. Acredito que parte de sua dificuldade está no fato de ter de começar tudo de novo. Esta é sua terceira tentativa de recuperação, e assim que ela retoma algumas de suas funções, imediatamente perde estas e outras. No começo, perdeu a voz e a mão direita. Com a terapia, melhorou, mas perdeu a voz, a mão direita e a capacidade de caminhar. Então, voltou a lutar, retomando parte de sua voz e da mão direita. Poucos meses depois, conseguia usar um andador para ajudá-la a atravessar os corredores da escola. Mas, agora, perdeu a voz, o braço direito, a perda direita, a visão do olho esquerdo e a capacidade de engolir e de abrir a boca. Acredito que, desta vez, ela simplesmente está cansada de lutar. Apesar disso, nós pressionamos, e ela luta contra nós, seja com um olhar perdido, caindo no chão ou reclamando de uma dor de cabeça.

E então veio Kelli, uma terapeuta ocupacional e minha prima. Sabendo da luta de Elena, ela se ofereceu para ajudar durante o verão, dando mais tempo para mim e para Brooke e também uma chance de testar técnicas ocupacionais comprovadas, e não tentativas fúteis com peças de montar e massinha. Hoje, pela primeira vez, Kelli expressou frustração com a falta de interesse de Elena em seus esforços. Ela passou noites preparando atividades criativas e artes, mas Elena não se interessa pela terapia e se recusa a participar. De certo modo, é como um jogo de xadrez, mas a diferença é que Elena sabe qual será seu movimento antes mesmo de você mexer no peão.

Ela sempre foi assim. Quando voltávamos da escola, quando tinha quatro anos, ela perguntava se eu tinha dinheiro. Eu respondia "Um pouco" e perguntava por que ela queria saber. Ela ignorava a pergunta e comentava que estava quente. "Pode abrir a janela, papai?", ela perguntava. "Estou com calor". Eu descia o vidro, sabendo de suas segundas intenções. Logo vinha o pedido, mas apenas quando estávamos mais próximos da sorveteria. "Papai, precisamos parar e comprar sorvete para refrescar." Pronto. Diferente de qualquer outra criança, que simplesmente pediria para tomar sorvete, Elena construía o plano desde o momento em que afivelava o cinto de segurança, e tomava o cuidado de eliminar qualquer desculpa que eu pudesse ter. O papai tinha dinheiro suficiente? Ele concordaria que está calor? Um sorvete não seria a solução perfeita? Como eu poderia dizer não? Caíra na armadinha.

Observando-me trabalhar com Elena esta tarde, acredito que Kelli teve suas dúvidas. A negociação não faz parte das sessões de terapia. Forcei o assunto, Elena protestou com resmungos e gritos, mas no final fez mais do que pensou que poderia fazer: pegou suas canetas e esfregou as mãos sem movimento. Pequenos passos, mas que fazem parte de um caminho maior para a melhora. No fim, Kelli será melhor e mais esperta do que eu tenho sido, e conseguirá mais sucesso nas próximas semanas do que eu nos últimos meses. Ela vai aprimorar sua criatividade e perceberá que não há problema em, de vez em quando, forçar Elena a fazer mais. Alternativas, recompensas e criatividade. Todas as marcas da melhora. Talvez uma das recompensas possa ser sorvete.

Dia 228 – 14 DE JULHO

Não devemos desistir da esperança. Como se o sentimento em si a estivesse mantendo viva. E um dia perderemos. Nós a perderemos.

Hoje, a esperança veio em pequena quantidade. Sorri e observei – o tipo de sorriso que esconde dentes cerrados. A realidade estava se mostrando. Ela não vai sobreviver. Pronto, eu disse. Mas nunca a qualquer outra pessoa, e nunca a este diário. Todos dizem que devemos manter a fé e procurar a cura. Não consigo deixar de ter raiva. E não acho que estou sozinho. Olho para a lata de lixo de Brooke e encontro a mesma quantidade de lenços que tenho na minha. Ela tenta escondê-los com papéis, mas eu conheço o truque. Também faço isso.

Tomamos café da manhã, mas nós dois tentamos não olhar para a mão cerrada de Elena ou para os dentes que mal abrem para uma fatia fina de comida. Mesmo assim, mantemos a esperança. Dizemos a ela que está muito melhor hoje do que ontem. Dizemos que só precisa cuidar da mão; que é uma questão de tempo. E até mesmo ela sabe que estamos mentindo. Ela só tem seis anos, mas já é esperta demais. O câncer envelhece as pessoas e, depois de sua batalha, Elena tem a visão de uma senhora de 60 anos. Ela também já perdeu a esperança. Dá para saber pelo olhar distante que nos lança. Ela não está pensando no café da manhã nem na escola. Já sabe demais. E acredito que está tentando manter segredo para o caso de ainda não termos percebido.

Os cafés da manhã são silenciosos. O dia nos recebe de modo frio enquanto tentamos encontrar um lado bom. Mas a cada dia piora. Então, ignoramos. Não perdemos a fé, simplesmente. Apenas mentimos.

Dia 229 – 15 DE JULHO

Tornei-me o papai-lenço e não me importo. Tenho oito camisas em minha gaveta: cinco pretas, uma azul e duas camisetas. Todas elas têm uma mancha no ombro direito. Agora que Elena não consegue mais andar, precisamos carregá-la para a mesa da cozinha, para o banheiro e para a cama. E com o joelho ruim de Brooke, sou eu quem a carrega. Então, ao pegá-la da cama, repouso sua cabeça em meu ombro direito e começo a descer a escada, mas antes de conseguir chegar ao fim, Elena assoa o nariz na minha camisa. O que começou como uma tosse semanas atrás, agora se tornou uma piadinha de Elena.

Da próxima vez em que me vir, dê uma olhada em meu ombro direito. Se você for como todas as pessoas que encontro duante o dia, vai comentar a respeito da coisa branca em meu ombro e perguntar se é tinta. Não. Gesso. E, antes que pergunte, todas as minhas camisas estão assim. Elena não apenas me usa como lenço, mas agora usa também minhas camisas como lenço. Hoje, meu ombro direito tem iogurte de morango. Por mais que lave minha camisa, sempre vai ficar uma marca rosa no ombro. Eu já sei, porque já tentei, e tentarei hoje à noite de novo.

De certo modo, é meu distintivo; minha medalha de serviço de pai. Também é a piadinha de Elena. Só hoje, a caminho da mesa da cozinha, ela cuspiu o iogurte e assoou o nariz duas vezes. Enquanto eu a sentava à mesa da cozinha, seu sorriso revelou seu segredo. Não foi um acidente, e ela adorou. Foi sua maneira de se vingar do pai por toda a terapia e as provocações. Enchendo a boca com leite, iogurte e suco de tomate, ela pediu para ir ao banheiro e sorriu. Eu sabia que isso fazia parte de seu plano. Olhando para minha camisa esta noite, eu estava certo. Por isso, da próxima vez em que me vir, perdoe o ombro. É algo que não sai, e não dou conta de comprar camisas. É a piadinha de Elena.

Dia 230 – 16 DE JULHO

Hoje à noite, minha esposa disse as palavras que eu não queria escutar: "Precisamos pelo menos tentar fazê-la feliz enquanto ela estiver aqui". É claro que as últimas semanas não têm sido as melhores de Elena. Sua situação piorou quando o tumor começou a pressionar os nervos que controlam sua cabeça e seu rosto. De modo aparentemente irônico, a mãos que eram curvadas para dentro e sem vida, agora retomaram sua função parcial pela primeira vez, ela tem força suficiente nos joelhos para ficar em pé com ajuda enquanto nós a vestimos. Mas é com sua cabeça que estamos mais preocupados. Nem mesmo gemer ela consegue mais. A alimentação e a deglutição são, no mínimo, tediosas, enquanto nos esforçamos para alimentá-la com conta-gotas e o que conseguimos servir de iogurte entre seus dentes com as pontas dos dedos. Os lábios e a língua não se movem, impossibilitando-nos de alimentá-la. Seus olhos, que antes serviam para comunicação sim e não, não se movem mais de um lado a outro, ficam fixos para a frente, o que lhe dá visão dupla o tempo todo. O pior de tudo é que, ontem mesmo, ela perdeu a capacidade de sustentar a cabeça, e agora depende de seus ombros instáveis. Certamente não era a esse ponto que pensávamos que chegaríamos.

Nenhum conforto é capaz de diminuir a tristeza de Elena. Nenhuma viagem a Disney World ou um passeio de elevador para o topo da "Torre Eiffel" podem fazer com que ela volte a ser feliz. Ela sabe o que sabemos.

A preocupação de Brooke com a felicidade de Elena foi normal. O fato de ela admitir que Elena não vai sobreviver, não. Durante meses, nós nos esforçamos para manter a esperança como parte de nosso cotidiano. E apesar de ambos termos questionado suas chances, nunca ousamos tocar nesse assunto. Mas, agora, com a realidade pesando em cima de nossa esperança, fica quase impossível ignorar. Ela tem razão. E apesar de eu continuar pretendendo lutar sem desistir, precisamos pensar no conforto de Elena, e também em seu tratamento. Hoje podemos alcançar as duas metas. Algum dia, talvez amanhã, tenhamos de escolher. O triste é que esse dia pode vir logo.

Dia 232 – 18 DE JULHO

Sinto-me como se tivesse vivido uma semana em apenas um dia. O dia começou com um chamado às três e cinquenta da manhã, quando ficamos sem o soro. Desejei que tivessem colocado apenas 100 mg a mais na bolsa para que eu pudesse ter acordado em um horário decente. Infelizmente, quando aplicamos os primeiros remédios e voltamos a dormir, vinte minutos depois o alarme soou de novo para a troca de remédios. Uma hora depois, é o momento de começar o dia. Hoje foi a vez de a mamãe ficar em casa, e os telefonemas e visitas não pararam.

Foi quando recebemos um telefonema que iluminou nosso dia. Nós havíamos solicitado um cão de companhia para Elena para ajudá-la dentro de casa. O cão pode ajudar a nos alertar se Elena precisa de alguma coisa, já que sua voz ficou fraca demais para ouvirmos quando saímos do quarto. Não tínhamos muita esperança de que conseguiríamos, já que milhares de pessoas precisam desses cães altamente treinados, por isso achávamos que nossas chances eram quase inexistentes. Mas as pessoas maravilhosas reconheceram nossa necessidade urgente e por acaso o tipo certo de cão se tornou disponível quando receberam nosso formulário. Recebemos o telefonema da organização, informando que eles poderiam nos ajudar e que faríamos o treinamento dia 1º de agosto. Quando contei a notícia a Elena, vi um brilho em seus olhos que não via a algum tempo. Fizemos planos de comprar um brinquedo para o cão e expliquei que o propósito do animal era ajudá-la. Elena sorriu. Disse-lhe que seria responsável por cuidar do cão, fazendo carinho e deixando-o feliz. Ela reclamou levantando a mão, mas quando a tranquilizei, dizendo que a ajudaria a fazer isso, seus olhos voltaram a brilhar.

Dia 240 – 26 DE JULHO

Esses últimos nove meses foram uma grande espera. Começamos em novembro, enquanto esperávamos impacientemente pela chegada das máquinas para começarmos a reforma da casa. Em dezembro, esperamos com nervosismo pela chegada dos resultados da radiação. Em janeiro, esperamos ansiosamente para voltar à escola. Em fevereiro, vivemos uma espera interminável para ir à Disney. Em março, esperamos animadamente pela chance de nadar com os golfinhos. Em maio, esperamos com alegria para ver o belo quadro de Elena no museu de arte. Em junho, constantemente esperamos para visitar o lago no Tennessee. Em julho, parece que estamos esperando por tudo e por nada ao mesmo tempo.

As meninas estão esperando pela chegada de seus amigos e familiares favoritos. A mamãe e o papai estão esperando por um pouco de paz e tranquilidade. Elena e Gracie estão esperando pelo cachorro, uma esperança para que Elena tenha um pouco de controle em seu mundo de pernas para o ar. A mamãe e o papai esperam para ver os sorrisos que esse novo membro de nossa família trará. Gracie tem esperado por qualquer momento livre para poder nadar. Elena tem esperado por qualquer momento livre para poder ficar com o papai e com a mamãe. Esperamos para ver se os tratamentos surtem efeito. Não temos grandes acontecimentos ou desejos pelos quais esperar. Esperamos pelas coisas pequenas agora: os sorrisos que um dia bom traz, as coisas malucas que Gracie faz para nos fazer rir, os pequenos passos que damos na finalização de nossa casa e nas pequenas melhorias que vemos em Elena, ou a ausência de uma piora em sua situação (durante a progressão, nenhuma piora é considerada melhora).

A vida não parece simplesmente acontecer agora. Não temos controle dela; na verdade, ela é ditada de acordo com o que o tumor decide dar ou tirar todos os dias. Sinto-me como se observasse a vida acontecendo em câmera lenta, enquanto fico sentada e espero que ela chegue até mim. De repente, tomo conhecimento de todos os aspectos da vida que afetam meu dia. É quase como estar em um estado de hipersensibilidade o tempo todo. As pessoas falam que são impulsionadas com adrenalina durante os momentos de crise. Então, o que acontece quando estamos em um estado constante de crise?

Esta noite, Elena me chamou a sua cama para dizer que seu braço esquerdo doía. A maioria dos pais ofereceria um Tylenol e a colocaria para dormir. Mas não consigo pensar apenas no braço. Penso nas transfusões de sangue e nas páginas de precauções que eles nos dão, penso no apoio para o braço e o que ele pode fazer, e me preocupo com o que esse problema pode indicar. Por fim, chamei Keith, em pânico com o que estava acontecendo. Por fim, uma toalha molhada "medicinal" pareceu resolver o incômodo.

Espero por uma época de minha vida em que uma dor no braço não seja nada. Quando eu poderei acordar de manhã e não ter de pensar nos remédios e nas refeições do dia todo. Hoje, revertemos o declínio de seus dias pós-quimioterapia. Elena comeu como tinha comido um dia antes do tratamento, e ficou acordada a maior parte do dia, pedindo carinho. Hoje foi o dia pelo qual estávamos esperando. Talvez seja a espera pelas coisas simples que mantenha a situação incontrolável levemente gerenciável.

Dia 241 – 27 DE JULHO

Todos estavam errados. A mamãe pensou que Elena precisava dormir com ela, não com o papai. A vovó pensou que Elena estava brava por eu tê-la feito tomar café da manhã e almoçar. O vovô pensou que ela queria assistir à televisão. Era claro que Elena estava ficando irritada e cada vez mais frustrada. Poucos minutos depois, ela foi da apatia às lágrimas, e tudo começou quando cheguei em casa, depois do trabalho. E conhecendo minha fama com Elena, todos logo pensaram que não gostava mais de mim. Como eu disse, eles estavam errados.

Como sargento da terapia e ditador da hora da refeição, Elena nunca escondeu sua raiva de mim. E desde nossos últimos dias no hospital no início de janeiro, era a mamãe quem ganhava todo o amor. Eu servia para as refeições e era razoável nas massagens dos pés, mas era com a mamãe que ela queria se aconchegar e dormir. E assim, relegado ao sofá, ao chão ou à segunda cama de Elena, passei os últimos seis meses esperando, de escanteio, enquanto a mamãe ficava no palco. Eu não me importava; para mim, a raiva era um tipo de terapia da mesma forma. Afinal, se ela me batia (o que eu incentivava que fizesse), aumentava a força de seu braço direito. Se estava nervosa, pelo menos se mantinha ativa e envolvida. Mas, no fundo, eu sentia saudade de Elena. Ela tinha sido apegada a mim nos últimos seis anos, e agora eu havia perdido isso também.

Quando ela chorou hoje à tarde, mais uma vez percebi que eu era a razão. Até pensei que ela quisesse que eu saísse. Mas, dessa vez, foi diferente. Perguntei se queria que eu saísse. Seus olhos disseram não. Perguntei se queria que eu ficasse. Seus olhos disseram sim. Perguntei de novo, certo de que ela não havia entendido. E, de novo, ela disse sim. Perguntei se queria que eu a abraçasse. Ela disse sim. Perguntei se estava com dor e se precisava de ajuda. Sim de novo. Estávamos progredindo. E com mais cinco perguntas, recebemos a resposta. Elena queria fazer terapia. Elena queria o pai. Pensando que ela podia estar enganada, a mamãe perguntou de novo. Ainda sim. A menininha do papai estava de volta, pelo menos esta noite.

No fim, suas costas estavam doendo e ela queria a ajuda do pai. E logo, com alguns alongamentos, as costas melhoraram e a lágrimas secaram. Eu fui um herói, mesmo que por pouco tempo. Amanhã, creio que tentaremos uma nova terapia: carinhos com o papai.

Dia 245 – 31 DE JULHO

Sempre temi que Elena se tornasse o rosto do câncer, que sua doença se tornasse sua identidade e, talvez, seu legado. Eventos, tributos e memoriais logo se tornariam lembranças. Mas quanto mais lutamos contra o câncer, e quanto mais pessoas conhecemos, rapidamente percebemos que não estamos sozinhos. Uma doença não é uma identidade, mas, sim, um obstáculo. Ao mesmo tempo, enquanto lutamos, conhecemos pessoas que se aproximam de nós com suas batalhas. Elas têm filhos com paralisia cerebral, filhos que morreram em acidentes ou com câncer. E apesar da dor e das lutas, ainda encontram tempo de entrar em contato. Esse talvez seja o exemplo mais revelador de todos. E, de certo modo, é essa atitude que é a verdadeira identidade dessa doença, a maneira com que obtemos conforto confortando os outros.

Esse final de semana, ao levar Elena à piscina, pude ver isso claramente. Vi seus amigos se aproximarem e conversarem com ela como quem conversa com uma amiga, e não com uma paciente. E apesar de perguntarem a respeito da nova cadeira, do cabelo e do motivo pelo qual ela não conseguia falar, eles conversaram com Elena, não comigo. As mesmas crianças que ensinamos a lidar com pessoas com deficiências, e a quem ensinamos a não olhar demais, acabam nos ensinando sobre como cuidar. Afinal, afastar o olhar é também ignorar e não dar atenção. Elas não fizeram isso; perguntaram e se importaram. E Elena reagiu. Eles a viam como uma amiga, e não como uma doença.

Hoje, ao olhar para o sofá, temo que a identidade de Elena esteja desaparecendo. Sua mão e pé esquerdos, assim como os direitos, estão paralisados parcialmente, e ela baba do lado direito da boca. Beber e comer estão cada vez mais difíceis, e a cada hora que passa começamos a temer que esses sintomas sejam menos o resultado dos efeitos colaterais dos remédios e mais os de outra progressão. E assim, reagindo, procuramos na internet o próximo passo, e não encontramos conforto no fato de que não resta mais nada a tentar. Imploro por amanhã, quando ela se tornará quem era, e me culpo por exagerar de novo. Adoro aqueles dias. O que aprendi com as crianças? Ame Elena pelo que ela é. Deixe as lições e o legado para amanhã.

Dia 247 – 2 DE AGOSTO

Durante os últimos nove meses, ela tem sido furada, mexida e remexida. Em primeiro lugar para os exames, depois para os tratamentos, e agora para entender sua situação. E cada vez ela chorou e reagiu um pouco menos. Hoje à noite, quando decidimos e eles inseriram uma sonda de alimentação, ela recebeu bem a mudança. Nada de lágrimas. Nada de luta.

Sua boca, ontem, estava com uma abertura de 0,6 centímetros, mas ficou muito pior hoje, quando ela acordou com as mandíbulas travadas. Há duas semanas, a mamãe estava pronta para a sonda de alimentação; eu fui contra. Acreditava que a partir do momento em que ela estivesse com a sonda, desistiria de lutar e se entregaria. Mas esta noite eu percebi que a batalha era impossível de vencer, e que lutar sacrificaria o tempo que valorizamos tanto. Mas, mesmo assim, o mais interessante foi a reação de Elena. Em vez de resistir, ela encarou a aplicação de uma sonda de alimentação pelo que era: uma maneira de tornar sua vida mais fácil. Sem hesitar nem ficar ansiosa, ela disse "sim" com os olhos e levantou a cabeça para a aplicação. E então, sem uma lágrima ou qualquer hesitação, observou enquanto eles inseriam um tubo de 35,5 centímetros de comprimento por seu nariz e dentro de seu estômago.

Esta noite percebi que a sonda de alimentação melhorará nossos dias. Enquanto passávamos oito horas por dia forçando a alimentação, agora podemos passar seis horas fazendo carinho. Apesar disso, não consigo ignorar o sinal de fracasso em nossas ações, e duvido que isso aumentará a vontade de Elena de lutar. Mais uma vez me vejo vítima das consequências que não consigo controlar, mas preciso ter fé de que elas nos guiam na direção certa. Para um homem que acredita na força das pessoas, isso não é fácil. De alguma forma, ainda espero e sinto que Elena será mais forte do que o câncer, e mais esperta do que as circunstâncias. Se isso acontecer, então hoje não será nada além de uma parada no caminho para uma vida mais longa e mais fácil.

Dia 248 – 3 DE AGOSTO

Ao analisar as fotos de Elena, lembro-me de como toda visita à casa de minha mãe envolvia um corte de cabelo. Infelizmente, nenhum dos cortes da vovó ficava bom. Franjas tortas, falhas nas laterais; às vezes eu me perguntava onde minha mãe estava com a cabeça. A cada visita o cabelo dela ficava cada vez mais curto, até a franja desaparecer, deixando apenas alguns fios tortos sobrando.

Isso nunca importou para Elena.

Sete meses depois, ela começa seu declínio e já perdeu até as mechas coloridas por causa da quimioterapia. E para uma menina que adorava seu cabelo, isso não é fácil. Seus cabelos fazem com que ela se sinta bonita e saudável. Mesmo depois dos cortes da vovó, eles cresciam de novo, à espera do próximo dia que elas passariam juntas. Brooke e eu sofríamos; a vovó e Elena davam risada. Um dia no salão – ao estilo da vovó.

Dia 249 – 4 DE AGOSTO

Caminhe devagar. Jogue pétalas. Não pise no vestido. Não se mexa, fique quieta. Todas as regras essenciais para uma daminha de honra, e Gracie conhecia todas muito bem. "Eu sei, eu sei. Andar devagar. Jogar pétalas. Não pisar no vestido. Não se mexer e ficar quieta", ela dizia a caminho do casamento, indo em direção à igreja e enquanto estava na fila, pronta para entrar. Não sabemos quem lhe disse essas coisas, mas parece que nosso conselho não foi necessário; alguém tinha ensinado tudo antes de nós.

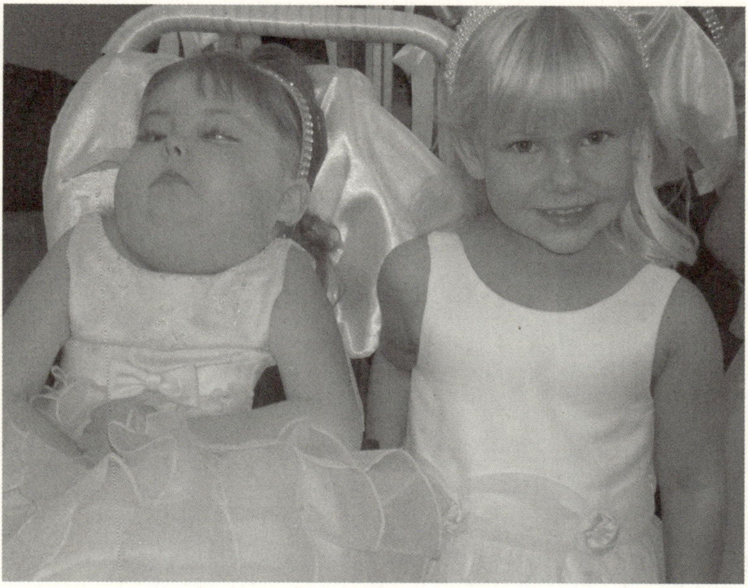

Hoje foi o casamento de Kelli e John. (Certo, é sempre o casamento da noiva. O noivo tem um papel secundário.) Kelli foi a pessoa que cuidou de Elena este verão, e Elena esperou ansiosamente pelo seu casamento nos últimos três meses. Pessoalmente, acredito que Elena já tinha sua posição de daminha de honra garantida.

Gracie, felizmente, também foi incluída para tornar nossa vida mais fácil. Mas isso não a impediu de roubar a cena.

Essa foi a primeira oportunidade de Elena e de Gracie como daminhas de honra. E para as honras de uma menina pequena, isso está bem perto do status de princesa. Não é preciso dizer que o vestido foi escolhido com muita antecedência, antes mesmo do convite de Kelli, em preparação para outro casamento (o da tia delas, que ocorrerá em menos de um mês). E na histeria de casamentos que tomará conta de nosso ano, ficou decidido que as meninas escolheriam seus vestidos, desde que fossem brancos. Assim, elas poderiam ir com qualquer cor para a festa. Então, seguindo a regra normal entre as noivas, Gracie escolheu um vestido branco com flores cor-de-rosa e Elena escolheu um completamente rosa com tule. Fugiu à regra. Mas quem diria não a Elena? O que ela quer, consegue. Kelli escolheu a cor verde para os vestidos de suas madrinhas. Suas flores eram vermelhas e brancas. Até os homens usaram faixas na cintura da cor verde. Mas Elena vestiu cor-de-rosa.

Dias antes do casamento, a ansiedade estava grande. Planos foram feitos e ensaiados. Os vestidos eram inspecionados todos os dias. Todos os detalhes foram analisados com obsessão. A noite anterior, no entanto, foi em claro. Pelo menos para Elena. Acredito que Kelli dormiu melhor. Elena é uma menina que costumava organizar os livros nas prateleiras de acordo com o tamanho e a cor, e mais uma vez vimos os hábitos obsessivos surgirem. Nunca pensei que ficaria tão alegre em vê-los de novo como fiquei. Finalmente ela se importava com alguma coisa que não fosse dormir com a mãe à noite. Desde minha mãe, passando pela tia Jenny e pela tia Jackie, todos pareciam ansiosos para ver a estreia de Elena. E apesar de termos nos preocupado com o fato de que o casamento de Kelli logo se transformaria na apresentação de Elena como dama de honra, foi a própria Kelli que fez questão de incentivar Elena a participar. Não sei se isso teve a intenção de ser uma distração para Elena ou apenas uma desculpa para a cerimônia, mas por isso seremos eternamento gratos. Não é muito frequente vermos nossas filhas atravessando o corredor de uma igreja em direção ao altar. Uma vez já basta para qualquer pai.

No fim da noite, o casamento tinha ocorrido sem qualquer problema. Elena estava atenta e animada. Mesmo com sua paralisia, podíamos ver em seus olhos cada movimento de "sim" e "não". Gracie, por sua vez, caminhou lentamente, não pisou no vestido e jogou pétalas. Tantas, na verdade, que quando chegou ao sétimo banco da igreja já havia espalhado a maioria das pétalas, e na parte dos fundos do santuário parecia ter ocorrido uma destruição de flores. E isso não a impediu de jogar pétalas imaginárias. Como eu disse antes, ela roubou a cena mais uma vez.

Hoje foi um alívio bem-vindo entre os acontecimentos das últimas semanas. A cada passo tentamos incentivar Elena e conseguir pelo menos um pouquinho de sua personalidade em seus lábios ou olhos. Mas com a paralisia afetando tudo, além de seus olhos não recebemos esse pouquinho. E assim vêm os pensamentos inevitáveis ao vermos que ela se afasta cada vez mais do resto do mundo, pois não mais reage ao toque de carinho ou a um beijo de boa noite. Como pai, começo a me perguntar se ela está presente. Será que ela sabe que você sussurra em seu ouvido? Será que sabe que estou segurando sua mão? Ou estamos inserindo essa sonda de alimentação e o soro para o nosso bem, e não para o dela? E onde fica a qualidade de vida? Ou essa é apenas uma maneira de desistirmos da luta, deixando nossas reais intenções de lado? E se não desistirmos, diremos um dia que foi pelo bem, ao mesmo tempo em que nos perguntaremos, em segredo, o que teria acontecido se tivéssemos sido mais fortes e continuado lutando? Não sei essas respostas, nem acho que quero que alguém as entregue para mim. E depois de uma semana sem ver reação, pergunto-me se é isso que facilita a desistência da luta. Eu já tinha perdido minha Elena quando ela parou de reagir uma semana antes. E mesmo sabendo que a menina esperta e sensível ainda mora embaixo daquele rosto sem vida, o que é a vida sem comunicação? Eu adoraria receber um sinal dela esta noite.

Esta noite eu perceberia como sei pouco. Ao longo do casamento, ela finalmente reagiu com animação e vontade. Em seus olhos, Brooke e eu a vimos observar e sonhar com seu casamento. Com daminhas de honra e seu lindo vestido branco (ou talvez cor-de-rosa). Mas foi durante a festa que finalmente nos comunicamos, dessa vez como uma filha e um pai.

Enquanto observávamos as meninas rodarem livremente na pista de dança vazia, girando sem parar e caindo no chão, Elena fez um sinal para mim com seus olhos. Ela queria ir ao banheiro? Não. Queria um pretzel? Não. Estava desconfortável? Não. Com frio? Não. Eu não sabia mais o que perguntar. Então ficamos sentados, observando Gracie rodar e cair mais uma vez, dessa vez rindo sem parar. Ela queria danças?, perguntei. "Sim", ela respondeu. Ela queria rodar? Não. Queria dançar com a mamãe? Não. Eu parei. Ela nunca antes quisera aconchegar-se ao papai. Nunca quisera o conforto do pai no consultório médico. Nunca quisera que o papai fizesse cócegas antes de dormir. Mas, ainda assim, perguntei: "Quer dançar com o papai?". "Sim", ela afirmou com entusiasmo. Perguntei de novo. Obviamente ela devia ter entendido mal, mas a resposta foi a mesma.

Uma canção. Duas canções. Uma terceira e, por fim, uma quarta. Durante todas elas, Elena continuou afirmando e pedindo mais. Aquela era a dança com o papai, e ninguém tiraria aquele momento de mim. Foi a dança que sempre quis, mas não no casamento que eu esperava. Então, ali, na pista de dança vazia, ao som de canções de Lionel Ritchie, que tenho certeza o DJ deve ter conseguido de graça em alguma venda de garagem, dançamos com Gracie, Allyson e Michelle, rodando até ficarmos tontos. Minha dança foi feia, a atmosfera não era perfeita, mas foi uma noite da qual nunca me esquecerei. E na terceira canção, lentamente senti sua mão se abrindo, livrando-se da paralisia que a mantinha cerrada, e movendo-se para segurar meu pescoço. Comunicação. Não por meio de palavras nem pelos olhos, mas pelo amor. Torço para que um dia eu consiga dançar de novo, mas dessa vez no casamento dela.

Dia 250 – 5 DE AGOSTO

Acordar cedo. Comer duas porções de café da manhã. Brincar de pega-pega com o cachorro. Passear com a família. Visitar mais familiares. Ler cinco livros. Dormir. Para qualquer criança normal, esse seria um dia agitado. Para Elena, foi algo milagroso.

Depois de passar as últimas três semanas sem conseguir abrir a boca o suficiente para beber o leite, Elena começou o dia sem restrições. Imaginando que ela estivesse com fome quando acordou, aproveitamos a chance de tentar alimentá-la sem a ajuda da sonda de alimentação que ainda estava em sua narina. Não importou o fato de ela ter ingerido o equivalente às calorias de um dia todo por meio de sua sonda desde que tinha ido dormir na noite anterior. Continuava com fome. E quando percebemos que suas mandíbulas finalmente não estavam mais tão fechadas, percebemos que seria um dia de surpresas. Rapidamente, empurramos tudo o que conseguimos encontrar para dentro de sua boca aberta. Felizmente sua boca ajudou, pois ela não apenas tomou um copo de iogurte, como também alguns biscoitos, morangos, um pouco de cereal e dois copos de leite ao longo do dia.

A partir de então, nós nos deliciamos ao ver nossa filha florescer de novo, com sua meticulosidade e sua vontade de ser normal. Sua paralisia começou a desaparecer com um erguer de sua cabeça e um movimento com a mão esquerda. Certamente até ela estava satisfeita com seu progresso ao longo do dia. Então, quando a encontramos chorando à mesa do jantar da casa de seu vovô-vovô, ficamos confusos. Mas, para ela, para ser normal, também tinha de brincar no quintal com Gracie e com as outras crianças. Assim, erguendo a cadeira de rodas nos braços, nós a carregamos em seu trono, descemos a escada para chegar ao jogo que estava acontecendo no jardim. E apesar de não termos contado os pontos, todos soubemos quem ganhou naquele dia.

Esta noite, enquanto colocávamos as meninas para dormir, recapitulamos os sucessos de hoje enquanto líamos nossa coleção de livros de piadas *toc–toc*. As frases engraçadas não eram novas, e as piadas normais, mas para Elena e Gracie foi uma ótima maneira de encerrar o dia. Gracie começou com o "Toc-toc" ao qual Elena respondeu com piscar de olhos, um para cada sílaba de "quem é?" e "Fulano quem?". Até mesmo Pueblo, nosso novo morador canino, participou latindo de vez em quando para fazer Elena despertar quando ela dormira. E quando Gracie dizia a frase final, engraçada ou não, todos ríamos, incluindo Elena.

"Toc-toc"
"Quem é?"
"Sue"
"Que Sue?"
"SURPRISE!!!"

Sim, com certeza uma surpresa muito especial. Vamos repetir a dose amanhã.

Dia 254 – 9 DE AGOSTO

Temo que Elena saiba mais do que nós. Nos últimos três dias ela tem pedido para dançar com o papai, brincar no quintal, comer um McLanche Feliz e sorvete de chocolate, nadar, tomar banho e jogar cartas. Mas mais interessante do que seu repentino acesso de energia, é o fato de que, nos últimos vários meses, ela se recusou a realizar essas atividades. Escolheu o pai no lugar da mãe e da avó como parceiro de dança, o mesmo homem a quem ela dispensava na hora dos carinhos, de comer ou de dormir. Quis brincar de um jogo que nunca quisera antes, um jogo no qual seus braços paralisados a impediriam de brincar. Quis um McLanche Feliz, mesmo sabendo que não conseguiria comer nem mesmo uma batatinha frita. Para ela, apenas vê-lo foi o suficiente. Pediu sorvete de chocolate, o que foi estranho para alguém que sempre adorou sorvete de baunilha. Pediu para ir nadar, uma atividade que passou a temer quando começou a perder a utilidade dos braços no início de janeiro. Quis tomar um banho, apesar de seu medo recém-adquirido de qualquer atividade que possa resultar em perda de mais cabelos. E, por fim, ontem quis jogar cartas. Por necessidade, e por ser a única coisa que poderia, encaixar no espaço que sobrava em nossa mochila, esse jogo era sempre o escolhido nos hospitais durante os tratamentos de quimioterapia. Ela nunca gostou muito dele. Para dizer a verdade, nem eu, mas era algo que usávamos para nos distrair de uma sala de espera a outra. Para nós dois, passou a representar tudo o que detestávamos a respeito da vida no hospital.

Juntas, essas atividades simbolizam tudo que Elena temia ou nunca fizera. E por três dias ela ficou boa o suficiente para fazer tudo isso. Finalmente conseguiu abrir a boca, mexer a mão esquerda e se comunicar conosco por meio de piscadas de olhos. Mas, hoje de manhã, tudo parou. A mão voltou a ficar parada, a boca está aberta e seu olho esquerdo completamente cego e paralisado. Ela recebe alimentos pela sonda de alimentação e líquidos pelo soro. Agora, nosso elo vital de comunicação com nossa filha foi cortado. O que foram três dias de comemoração, agora podem ser nossas melhores e últimas lembranças.

Hoje fomos mais uma vez ao pronto-socorro. Brooke e eu seguramos as mãos de Elena enquanto observávamos seu peito subir e descer a cada respiração. Já passamos por isso antes, e torcemos pela chance de fazer tudo de novo. Mas, ao escutá-la respirando do outro lado do quarto, com gemido e hesitação, percebo que, desta vez, é diferente. Minha menininha, que surpreendeu a tantos e que venceu esse tumor quatro vezes antes no último momento, não tem mais procedimentos, tratamentos ou antibióticos que possam ajudá-la. Depende só dela, e só podemos ficar por perto e observar. Esta será uma longa noite. Agora sei que ela sabe mais do que nós; só torço para que tenha coragem, e vontade também.

Dia 255 – 10 DE AGOSTO

O inevitável é estranho. Você prevê o fim, mas ele nunca chega. Hoje, só temos o inevitável. Não temos mais os remédios, a quimioterapia nem o controle sobre nossas vidas – somos impotentes. Impotentes ao lidarmos com a doença de Elena. Impotentes enquanto ficamos sentados seu ao lado, segurando sua mão. Impotentes enquanto a observamos respirar. Depois de passar uma hora abrindo os olhos hoje de manhã, Elena lentamente sucumbiu a um coma. E pelo que pareceu uma vida inteira, observamos cada respiração enquanto ela hesitava e tossia. E pela primeira vez, Brooke e eu percebemos que a luta está perdida. Acredito que isso ocorre durante um coma. Quando o último fio de comunicação se perde e a distância começa. A distância entre Gracie e Elena. A distância entre Elena e nós. A distância entre ela e a cura. As lembranças começam a desaparecer conforme nossas esperanças se voltam para um fim sem dor para a nossa corajosa menininha.

Nos últimos sete meses, observamos e esperamos pela nossa vez. Fizemos isso observando que criança após criança criavam uma estatística. Conhecendo o fim e como ele viria. Agora, nós compreendemos.

Dia 256 – 11 DE AGOSTO

Hoje sabemos como é. A sensação de vazio, aquela que não consegue ser acalmada e que machuca. A noite passada, quando Elena entrou em coma e sua respiração ficou curta, decidimos finalmente contar a Gracie o que aconteceria. Então ali, no quintal, nos degraus da casa de boneca de Elena, que foi construída para as meninas, contamos a Gracie que sua irmã morreria. Explicamos que Elena será um anjo no céu. E esta noite teríamos de nos despedir. Gracie, como era de esperar vindo dela, perguntou se Elena teria asas, e então sugeriu que, levássemos para fora para que ela pudesse mostrar à irmã sua coleção de pedras.

O restante da noite foi passado perto da casa de boneca, com Elena se esforçando para respirar e nossa família toda por perto para confortá-la. E com Brooke a sua direita e eu a sua esquerda, seguramos suas mãos sob a árvore que ela nos ajudou a plantar quando nos mudamos para a casa nova. Era sua árvore, sua escolha: uma ácer-rubro.

Ao longo da noite ela esteve tranquila. Às vezes, lutava para respirar com a pressão do tumor, mas continuou dormindo o tempo todo. Brooke e eu nos deitamos a seu lado na cama até hoje de manhã, quando ela nos deixou.

Hoje, Gracie tem muitas perguntas e nós também. Tenho certeza de que tudo será respondido com o tempo, mas não por uma pessoa, e não hoje. Tudo que resta é o amor pelas nossas filhas e o desejo de lembrar de Elena sem câncer. A casa está silenciosa agora, assim como nossos corações.

Hoje de manhã, carreguei Elena para a ambulância em meus braços. Ela continua sendo minha filha, e sei que gostaria de ser carregada em meus braços em vez de colocada em uma maca. Ela será nossa filha e parte da família para sempre. E apesar de todos os vestígios de equipamentos médicos terem sido colocados para fora em poucas horas, seus desenhos sempre serão a decoração de nossas paredes como lembrança da inspiração que ela foi para todos nós.

Por fim, decidimos pela realização de uma autópsia para obter qualquer informação a respeito desse tumor, com a esperança de ajudar outras crianças afligidas por essa doença terrível. Rezaremos e trabalharemos para levar a luta de Elena adiante em busca de uma cura, e para ter a certeza de que sua vida continuará a ser uma inspiração muito tempo depois de hoje. O enterro e as homenagens virão depois.

Por hoje, as lembranças e lágrimas continuam. Agora nos sentamos em uma mesa para três pessoas, e no banco de trás de um carro como uma família. A cama não está pequena como já foi, e nossa casa está grande demais. E, em nossos corações, continuaremos sendo lembrados por bilhetes escondidos por Elena pela casa nos últimos nove meses: "Eu amo vocês, Mamãe, Papai e Grace". Nós também amamos você, Elena. Mais do que você pode imaginar.

Depois de Elena - Dia 1 – 12 DE AGOSTO

Hoje, sofremos. Os bichos de pelúcia favoritos de Elena, seus vestidos e sapatos brilhantes continuam intocados em seu armário. Não conseguimos dizer nem uma frase sem parar para pensar. Quando antes dizíamos "Vamos, meninas", agora temos de parar e dizer "Gracie". É impressionante como até mesmo os menores pronomes fazem com que paremos e nos perguntemos como teria sido.

Eu sofro agora. Acredito que me mantive ocupada demonstrando uma imagem forte a Elena, e nunca me permiti pensar na morte como uma realidade. Claro, eu questionava o por quê e tentava adivinhar até quando ela conseguiria lutar, mas no fundo ignorava todos os desejos de confrontar a realidade. Agora, não consigo ficar uma hora sem segurar uma foto com força ou ir ao quarto dela para lembrar. Acredito que simplesmente não quero esquecer. Ver seus belos olhos, seus cílios compridos, o som de sua voz meiga e o cheiro de seu cabelo (graças aos cachos tingidos, dados pelos seus amigos do salão).

Ontem à noite, enquanto o sol se punha e o último visitante saía de nossa casa, ficamos sentamos na porta, nós três, olhando para o horizonte. Nos momentos finais do pôr do sol, nuvens cor-de-rosa cobriram o céu. Gracie foi a primeira a realizar a conexão. "Veja, mamãe, as nuvens de Elena", ela disse. E tinha razão. E assim, durante os últimos minutos do dia, voltamos a ser uma família de quatro pessoas. O cor-de-rosa sempre foi a cor favorita de Elena. Obrigada pelo show, Elena.

Depois de Elena - Dia 3 – 14 DE AGOSTO

À noite elas pareciam anjos, perdidas em um sonho quieto e calmo. E eu nunca quis mais que um último olhar das duas meninas, que tinham tanto a me dizer. Andando nas pontas dos pés, eu desligava o abajur, as cobria com a colcha que tinham colocado de lado momentos antes e lhes dava um beijo de boa noite. Mas, antes de partir, me inclinava e lhes sussurrava no ouvido de cada uma: "Você é minha princesa. Você é inteligente, bonita e fará coisas surpreendentes". E acariciaria suavemente seus cabelos antes de ir para o meu quarto, no fim do corredor.

Eu nunca duvidava do que dizia a elas. Elena e Gracie podiam precisar que eu as lembrasse, mas eu sabia que iriam além, que acertariam onde eu tinha falhado. Eles realizariam o impossível. Broke e eu éramos seus maiores fãs.

Nosso mundo se quebrou no dia em que Elena morreu. Ela e sua irmã sempre seriam nossas princesas. Seriam inteligentes, e certamente bonitas. Mas Elena teve só seis curtos anos, com certeza não o bastante para fazer coisas surpreendentes. Esta noite sei que estou errado. Em seis anos ela realizou o impossível e teve sucesso onde eu tinha falhado. Apenas com este tempo, seu papel foi inspirar, e sua jornada será cumprida pelos dos outros. E vejo isso não apenas nos esforços das pessoas que vêm de todos lugares em busca da cura para o câncer, mas mais diretamente nas cartas que ainda recebemos, que dizem: "Você não me conhece mas...", e continuam contando como sua vida foi modificada por essa luta.

A lição de Elena não tem a ver com morte nem com câncer, mas com esperança e vida. Ela me ensinou como viver, como amar e como sorrir. Nunca me esquecerei dessas lições.

Esta noite continuo acariciando o cabelo de Gracie e sussurrando em seu ouvido: "Você é minha princesa. Você é inteligente, bonita e fará coisas surpreendentes". Sei que ela as realizará. E antes de deixar o quarto toco o quadro de Elena, que está pendurado sob o interruptor, e sussurro: "Eu te amo, Elena. E realizarei coisas surpreendentes".

Depois de Elena - Dia 4 – 15 DE AGOSTO

Ontem de manhã recebi um telefonema da capelã do hospital. Os restos mortais de Elena foram cremados e ela queria entregar as cinzas pessoalmente. É engraçado. Durante todo o processo, sempre pensei que esse seria o momento que mais temeria. Imaginava que quando segurasse suas cinzas, eu perceberia que ela de fato se fora... para sempre. Mas, na verdade, fiquei aliviado por tê-la de novo em casa. Não que seu corpo tenha qualquer significado; sua alma está sempre conosco. Mas seu corpo é um símbolo do que sobrou de minha filha, e eu queria tê-la de volta. Carregá-la para a ambulância depois de sua morte foi o mais difícil. Pela primeira vez em sua curta vida, ela ficou na mão de outra pessoa. A cada minuto eu tentava imaginar onde ela estava. Isso tomou conta de meus pensamentos e invadiu minhas noites, enquanto fiquei preocupado com seu corpo, o tempo todo desejando que, de alguma forma, ela voltasse logo para casa. Finalmente, voltou.

Então, fiquei com a caixinha contendo suas cinzas. Pequena, cinza e simples. Bem diferente de minha filha, mas não consegui abrir mão dela. Fiquei sentado no sofá e a segurei em meus braços pelo que pareceram horas. Você nunca pensa que uma coisa dessas pode acontecrer com sua filha. Eu imaginei segurando-a enquanto ela fosse bebê, aconchegando-a enquanto fosse pequena, consolando-a enquanto fosse criança, abraçando-a enquanto fosse adolescente e caminhando a seu lado até o altar quando fosse uma mulher. Mas nunca pensei que fosse segurá-la dessa maneira.

Brooke e eu decidimos, há muito tempo, espalhar as cinzas de Elena; nada de urna nem enterro. Em nosso modo de ver as coisas, essa seria a única maneira de continuar. Uma cerimônia simples: a mamãe, o papai e Gracie. Elena, em toda a sua humildade, teria preferido que suas cinzas fossem colocadas perto de casa. Então, olhando para o quintal, encontramos a resposta.

Três anos atrás, Elena tinha menos de três anos. Gracie ainda estava no colo da mamãe. Tínhamos acabado de mudar para esta casa e sabíamos que seria preciso uma reforma. Mas, sem dinheiro, só pudemos plantar árvores. Além disso, se plantássemos árvores então, quando estivéssemos prontos para a reforma, elas estariam maduras e ajudariam a dar sombra ao quintal. Escolhemos um freixo, um salgueiro, um carvalho, um bordo e uma magnólia. Em parte pelo orçamento apertado e em parte porque pensamos que, com mais diversidade, garantiríamos que algo crescesse; plantamos árvores que não combinavam, necessariamente. Quando Elena sugeriu que também comprássemos um corniso rosa, pensamos que seria melhor impedir aquilo enquanto tínhamos o controle. “Não”, dissemos. Não sobreviveria ao alce que passava por nosso quintal todas as noites. Mesmo assim, Elena insistiu. “Que tal um vermelho?”, ela perguntou. Certo, ela queria uma árvore, tudo bem. Então, procurando uma muda, escolhemos um ácer-rubro. Pelo menos duas das árvores combinariam e, dessa maneira, pelo menos ficariam com folhagem a maior parte do ano. A árvore era mirrada, mas também barata. Então, nós a compramos, nunca esperando que ela sobrevivesse ou florescesse. Três anos depois, é a árvore mais forte do quintal, e também a mais bela. Ainda assim, outono após outono, nunca fica vermelha. Assume uma coloração laranja-ferrugem dois dias antes de soltar as folhas.

Amanhã, a árvore de Elena também vai se tornar seu local de descanso final. Em preparação, construímos uma cerca de pedras a redor do leito e plantamos crisântemos cor-de-rosa em sua homenagem. Apenas espero ter forças para deixá-la partir quando espalharmos suas cinzas ali, amanhã. E talvez, nesse outono, a árvore finalmente fique vermelha, mas, conhecendo Elena, não ficaria surpreso se ficasse cor-de-rosa.

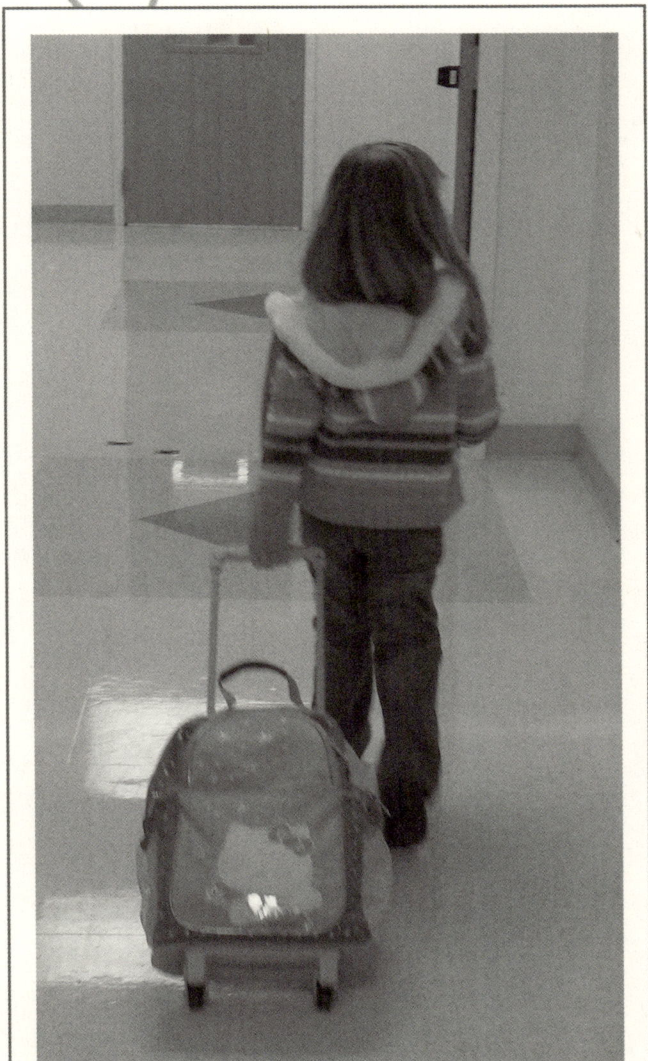

epílogo

APESAR DE NÃO CONSEGUIR ME LEMBRAR de todos os momentos de sua vida, consigo me lembrar das noites. As noites começavam com um banho e um livro. Ela sempre escolhia o maior, e nós sempre implorávamos pelo mais simples. Sempre acabávamos lendo *A Light in the Attic* ou *One Fish, Two Fish, Red Fish, Blue Fish.* Nós líamos e ela escutava, mas conforme o livro ia ficando cansativo, pulávamos uma página; ela percebia e voltava na página pulada. Eu daria tudo para ter aquelas páginas de volta. Depois, terminávamos a noite com um beijo, carinhos e um comentário sobre como éramos orgulhosos. Aquelas eram noites que eu adoraria reviver.

Dizem que as coisas ficam mais fáceis com o tempo. Que um dia começamos a aceitar a morte. Na verdade, acho que nunca aceitarei. Mas começamos a valorizar os momentos mais simples da vida e, ao fazer isso, encontramos paz. No caso de Elena, ela foi a professora, e as lições que deixou estão em bilhetes em formato de coração escondidos pela casa. Ela nos ensinou a sermos pessoas melhores e uma família mais forte do que poderíamos imaginar.

Desde sua morte, as lições continuam fortes, mas também as emoções. Cada momento e cada atitude é um lembrete de seu legado.

Mesmo assim, todos os dias Elena continua fazendo parte de nossa família. Suas fotos ainda decoram nossas paredes, e sua inspiração continua hoje nas ações de sua caridade. E, com isso, nunca esqueceremos.

Hoje, Gracie sabe de coisas que eu gostaria que ela não soubesse. Brooke e eu temos visão. O que antes era essencial agora é comum, e o que antes era prioridade, agora é secundário. Não sentimos medo. A morte é apenas parte da vida, e não um fim, e ela traz valor e foco ao que vemos como importante. Todos os dias enxergamos a vida como um presente, e todos os momentos como uma oportunidade. E fazemos isso porque Elena nos ensinou a lição mais valiosa de todas.

Um dia, passaremos essa lição a Gracie por meio das páginas deste diário. A maioria das coisas ela já vai saber. Mas talvez a ajude a amar seus filhos, acariciá-los quando eles saem da cama, e nunca pular uma página. Espero que sim. É uma lição de Elena, e nunca esquecerei.

a cura começa agora

Elena não está sozinha. Todos os dias, milhares de pessoas enfrentam o câncer. Muitas sobreviverão. Muitas mais morrerão. Sob muitos aspectos, este livro é uma mensagem a todos nós, escrito com a intenção de preservar as lembranças de uma menina de seis anos para sua irmã, que é jovem demais para se lembrar. Mas, se tiver algum efeito, talvez nos ensine como valorizar esses momentos com nossos entes queridos e a aprender o valor real da vida. Este livro também tem outra mensagem: a cura começa agora. Para nós, foi uma promessa: uma decisão de não aceitar o câncer e nunca sucumbir. A morte e o sofrimento nessa doença não são inevitáveis e não são "o desejo de Deus". Nós, como pais, poderíamos fazer mais. Com o tempo, isto foi adotado como lema pela família e pelos amigos. Hoje, é uma causa que oferece nova esperança e direção na forma de uma organização sem fins lucrativos. Agora, é um chamado de que nós, como sociedade, podemos fazer mais.

Ao lutar contra o câncer, temos duas estratégias. Atualmente, só lutamos com uma. Na maioria das vezes, lutamos contra o câncer com números. Realizamos pesquisas e mais pesquisas prevendo índices de mortalidade, e então priorizamos o patrocínio de pesquisas de acordo com quantas pessoas morrem. É uma estratégia estritamente política para uma doença de alcance mundial que não conhece limites políticos. É uma estratégia confortável – até razoável para alguns –, mas não deve ser a única. Ano após ano, mais pessoas morrem, e as organizações que lideram a luta celebram aniversários de 70 anos ou mais. Como uma sociedade, não devemos aceitar que a luta não pode ser vencida e que demorem décadas para se encontrar uma cura para algo que deveria ter sido curado décadas atrás.

Existe uma segunda estratégia. Não é nem política nem fácil. Tem a ver com concentrar-se naqueles tipos de câncer que nos oferecem mais coisas para aprender. Alguns deles afetam milhares de pessoas, outros afetam poucas, mas, independente da magnitude, as lições que aprendemos podem curar a todos nós. O câncer cerebral pediátrico é um com o qual todos podemos aprender. Também pode nos dar uma cura "vencedora" para o câncer se conseguirmos aplicar suas lições de modo universal a todos os tipos de câncer. Então, na cura do câncer, começar com nossos filhos pode ser a estratégia mais inteligente de todas. E ao fazer isso, podemos garantir que daqui a vinte anos a luta estará acabada para sempre.

Essa estratégia "vencedora" para o câncer tem suas dificuldades. Não é uma alternativa para aquela de curar o câncer pelos números, mas merece nossa atenção e nossa ajuda. Porém, diferente de outras estratégias, pode ser que nosso apoio nunca venha do orçamento ou política governamental. Mas, sim, de você.

No fim, começará com crianças como minha filha Elena. Logo, vai se tornar um movimento. Um dia, pode se tornar uma cura para todos nós. A CURA COMEÇA AGORA.

Para saber mais sobre The Cure Starts Now,
a organização inspirada em Elena,
visite o site
www.thecurestartsnow.org

agradecimentos

AGRADECEMOS A NOSSA família e amigos pelo apoio e influência na publicação deste livro. Além disso, somos gratos pela dedicação de nossa agente Sharlene Martin, pela orientação de nosso relações públicas, Justin Loeber, e à dedicação de Lisa Sharkey, Amy Kaplan e a equipe toda da HarperCollins. A paciência, integridade e dedicação de todos eles ao legado de Elena nos confortou de maneiras que não julgávamos possíveis, e nos ajudaram a superar nossos medos de publicar este diário. Também gostaríamos de agradecer a Martha Montgomery, Patricia Harman, Judy Morgan e Margaret Theile por seus esforços em passar de modo mais claro a mensagem de Elena do diário na Internet para o papel. E, sempre, a Tiffany Kinzer, que insistiu para que este livro fosse mais do que apenas para Gracie.

Este livro foi composto em Garamond
para a Editora Planeta do Brasil
em abril de 2010